U0128326

童年與家是愛的起點

吳塵、戴秉珊——著

毛戎戎—繪

藍海文化

回歸純真質樸的農村時代

在肥沃的嘉南平原與山區的交界之地，有一片物產豐饒的地方 —— 臺南大內區。如青龍蜿蜒的曾文溪灌溉滋養這塊土地，蘊藏豐厚的自然資源，並且栽培孕育許多傑出人物。

大內區農特產品眾多，尤其酪梨最具盛名，種植面積居全國之冠，被稱為「幸福果的故鄉」。同時，大內區也是「星星的故鄉」，擁有遠離城市光害的幽靜而矗立於二重溪公山的南瀛天文館，是全臺灣唯一可以進行夜間星空導覽的天文館，是最適合向流星許願幸運的好所在。天文館周遭還有臺南三大自然奇景之一，獨具魅力特色的惡地形彩疊山，吸引人們前來親近農村生活，探索大自然的美景。不僅如此，大內區的歷史人文資產同樣相當豐富。頭社公廨以每年農曆十月的大內頭社太祖夜祭聞名，是本市重要的無形文化資產，延續保存臺灣西拉雅族的宗教信仰活動直至今日。

出生成長於懷抱豐富資源的大內區，吳塵老師翻開淳樸有趣的童年時光，記錄逐漸被都市人淡忘的鄉土文化習俗，向我們介紹農村的美好記憶。曾文溪畔抓魚樂、農家動物大集合、濃濃人情味的鄰里鄉村……

在這特別的 2020 年，透過吳塵老師所寫的四十年代鄉土小書，讓我們遠離俗世塵囂，走入時光隧道回到那段純真質樸的年代。回歸初心發現鄉土之美，更加珍惜家族之間的連繫，接續創造更多農村回憶。

臺南市文化局局長

葉澤山

2020/12/16

大內地屬臺南市大內區，早年西拉雅平埔族與漢人共墾開發。以農立業民風淳樸。年輕人大都離鄉打拚，目前人口不到一萬。

曾文溪蜿蜒繞過，白堊地貌自成一格，有如置身銀河世界。秋季田根子開花，沿著曾文溪畔一片花海，詩意美麗。境內的走馬瀨農場、南瀛天文教育館、十月有經典頭社太祖平埔夜祭。其他如龍貓彩繪村、南寶高爾夫球場等都屬大內。歡迎大家蒞臨，造訪這顆偏鄉珍珠。

農產品以酪梨營養質佳受好評，木瓜、芒果甜美。嚐嚐豆菜麵、蚵嗲。安排小朋友體驗天文館、走馬瀨農場住一晚，看看特殊自然白堊地貌，來趟大內一日遊吧！

熱誠歡迎蒞臨大內，神遊退休老師吳塵筆下的曾文溪畔，四十年代大內童年。

臺南市大內區區長

李義隆

2020/12/03

我是一個紀錄片工作者，在長期拍攝影片的經驗裡，最感動的情節往往不是社會事件的激情與懸疑；更不是視覺奇觀的大場面或熱血、振奮的故事。令人揪心的往往是在每一個角色中，這個人與另個人間，哪怕只是一、二個觀念間的價值落差，所帶出的關係衝突及拉扯。當這些微小的心靈事件重疊或拼湊起來，便成了這個社會的樣貌之一。

在這本書的字句閱讀中，故事也好，分析也罷，都像在看一部動人且精采的紀錄片。兩位優秀的作者，帶領著讀者剖析了親子、婆媳、夫妻間的拉扯，每場動人的描述，常常讓我濕了眼眶，或是感傷、或是感動。我總是被字句間流露出的力量所感染，我也深刻相信透過閱讀這本書，會讓每位讀者都能擁有面對當下的勇氣，也能開啟與身邊的人們關於理解、對話的契機。

戴老師，您讓年過五十的我理解了，當我們願意直視、勇敢面對並訴說關係中的脆弱之處時，就找到了關係的自由。

金馬獎最佳紀錄片導演

楊力州

2021/01/15

故鄉大內，位於臺南市大內區。曾文溪蜿蜒繞過，地處嘉南平原與山區交界地帶。據載清康熙年間，漳州楊姓兄弟入鄉與平埔族共墾。民風善良淳樸，楊姓最多，祖母、母親都是楊家女兒。目前農特產品以酪梨質量最受好評，芒果、木瓜甜美。大內二字有先人楊內、楊石兄弟手足故事，楊石開墾石仔瀨，（鄉人問楊石要去那裏？楊石回：麥來去阿兄內阿伊耶庄）先人楊內開墾的庄，長者稱為內庄。

石林里龍貓彩繪壁畫，曲溪里南瀛天文教育館、走馬瀨農場都屬大內。頭社里每年十月頭社太祖夜祭甚是經典，這是西拉雅平埔族的故鄉。國際棒球好手陳金鋒出身大內，他是平埔大內的榮耀。

白堊地貌如置身銀河世界。每年秋季曾文溪畔，田根子草花穗盛開空靈詩意。隨著環境變遷生活型態改變，三合院少了，年輕人離鄉工作人口老化凋零。但，這些都無損故鄉在我心中的美！

四十年代生活種種已成過往，最想與同輩分享那段童年趣事。讓晚輩了解祖父母、父母在不同年代時空，如何渡過不一樣的童年和青春。留下些許四十年代鄉土文化。

文字表達，情境描述也許不夠精彩流暢。在記述故事中放入幾句鄉土俗話，可愛精緻插畫增加意境趣味。並有女兒戴秉珊博士分析兒童與家庭關係。

每篇故事都能讀到當年生活習俗、文化背景。龍伯公寫往生出殯，老兵婚姻故事寫當年外省老兵為追求家庭幸福的渴望。幸菜尾有四十年代習俗和濃濃人情味。盲女說書寫當年說唱表演，跟牛車女孩細述臺灣糖業過往。篇篇寫來都是滿滿幸福回憶。這有趣鄉土新書值得您一讀。孫子女們了解當年阿公阿嬤童年，與長輩互動多了有趣對話。然而，看待人事物難免角度有所不同，不完美之處尚請包涵指教囉！

感謝臺南市文化局局長葉澤山先生，大內區區長李義隆先生，名導演楊力州先生百忙之中抽空幫忙寫序。

感謝出生在這塊土地，祝願這塊土地上每個人都能平安健康。也期待這本四十年代鄉土文學小書，能在新冠病毒疫情壓抑期間，帶給讀者一點開心溫暖。

吳塵

2020/11/10

出書是母親的夢想，第一部分（Part1）的文章，母親在 2007 年就完成，資料擱置超過十年，當中她掙扎幾次，總想著出版，卻找不到說服自己的理由，而作罷。

為了說服她出版，我提出和她一起完成這本書的提議，她開心一口答應，原因是：她以為寫這本書，對女兒的學術升等有幫助。確實，這本書可以出版，是女兒利用了母親的愛，推了一把。

母親答應出版後，我其實不知道要寫什麼。直到協助編輯母親篇章，開始理解她的行為和觀念。學習家庭教育的我，能從母親的文章中，找到世代對話的方式。文章中有家人關係、婚姻、代間、兒童發展、社會支持、世代差異等議題，可以用兒童與家庭專業去分析。

這本書分為兩個部分，前段是母親童年記趣，提供長輩回味童年，晚輩理解世代差異，加上閩南語教室為鄉土教育貢獻心力；後半段以家庭議題分析，並提供家庭教育的學習概念，嘗試用愛的眼光，看見差異，幫助世代之間更相愛、發展順利。

這樣的母女合作，或許只有 2020 年決定出版的我們能完成。2006 年前的我，傷透母親的心，別說寫書，連好好說話都沒把握。2007 年後從設計和商管，跨領域到兒童與家庭，花了三年努力修復和母親的關係。2009 年到臺師大修讀博士，才真正接觸家庭教育專業。在家庭教育的推廣過程中，學習與改變家人關係，我就是最好的見證！從無法理解到能看見彼此的愛。這一路不容易！透過學習，我做到了，相信你也可以。

這本書等了十年終於出版，原來等的是：世代和解、專業累積、生活實踐，和家人間的關愛和心意。

謝謝童年讓我感受到滿滿的愛的祖父母；人生低谷時，仍相信我的父親、阿姨、姑姑和親友，從小陪伴我的弟弟；十年來在家庭教育道路上引導我成長的恩師；伴我走過二十一年風雨仍愛護我的先生；不斷給予正向回饋的學生；和非常愛我的母親，書的第二部分（Part2）因為有你們才能完成。

最後，也將這本書獻給即使在關係中受傷，仍願意因為愛，不斷學習、成長的你們。感謝主，期盼書裡的話語充滿祝福，幫助關係重建、理解、更相愛。

戴秉珊

2020/12/24

目錄

PART 1　回到四十年代，擁抱童年回憶

故鄉與童年

四十年代的家庭和家人關係

吃在四十年代

穿在四十年代

住在四十年代

行在四十年代

育在四十年代

樂在四十年代

節日與傳統

奮鬥的年代

PART 2 世代、對話、學習愛

PART 1

回到四十年代，擁抱童年回憶

四十年代

是個有機會、高自主、單純樸實的年代

戰後嬰兒潮的童年

是你我家人的故事

在經歷人生歷練後

回首尋找來時路，童年與家是愛的起點

故鄉與童年

曾文溪畔話童年

純真無憂的歲月，刻劃在腦海中。
最美的童年回憶，留在當年的曾文溪畔。

兒時曾文溪河床寬廣，溪水清澈見底。有抓不完的野蛤、野蝦、溪哥小魚，小孩常成群結伴到溪畔玩耍。大人相信有抓交替水鬼，但警告無效，溪畔天天召喚一群探險、摸蛤、抓魚、玩水的孩子們。畚箕往溪沙一撈，野蛤、小魚、小蝦馬上現形。溪蝦小魚味道甜美，蛤蠣煮湯鮮甜清肝火，溪水中到處都是天然野味。

孩子們「摸蜊仔兼洗褲」，不僅是玩樂，也為餐桌增添美味菜餚。

陽光下衣褲濕了又乾，乾了又濕。歡樂溪畔隨著太陽入幕，結束快樂的一天。徐風陣陣吹來，踏著輕快回家腳步，幻想著餐桌上香醇晚餐。四十年代，曾文溪畔摸蜊仔兼洗褲歡樂日子，已成記憶中最遙遠美好回憶！

環境更迭，河床淤泥、溪河污染。曾經美麗清澈的曾文溪，難擋環境無情變遷。每次返鄉過橋，總要打開車窗凝視一番。因為，童年最美的回憶，都留在當年的曾文溪畔。

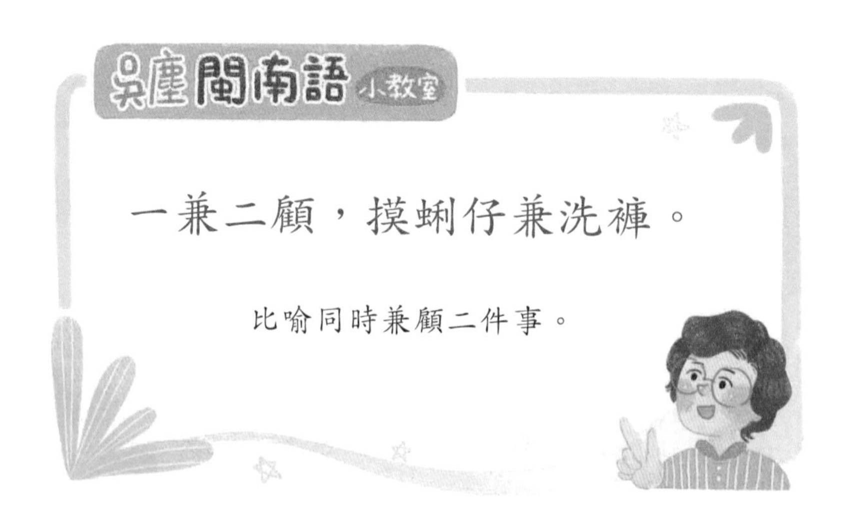

一兼二顧，摸蜊仔兼洗褲。

比喻同時兼顧二件事。

母豬生了

家裏母豬生了是大事，全家動員，騷動一陣。
農業社會，豬是每個家庭的希望。

臺灣三十、四十年代，養豬是農村一項重要收入。農家拿來還賒債、孩子註冊費，補貼梅雨季、颱風季家用。每個家養幾頭豬是一筆重要「外路仔」。家裏母豬生了是大事，全家動員，總要騷動一陣子。豬仔每次懷胎約七到十胎左右，能養活幾隻就看農家運氣。

有一年，母豬在冬夜生下小豬。豬兒產程與人類相似，母豬痛苦哀嚎，小豬一胎胎伴著胎盤很快滑出。小豬滑出，曾祖母賣力用竹竿頂住母豬肥胖身軀，祖母火速跳入豬圈，小心移走出生豬兒。將牠們放入舖有茅草溫暖安全的窩，一面驅趕礙手腳湊熱鬧的孩子們。

小豬從出生到二星期內最需照顧。可愛豬兒圍繞在母豬身旁，母豬肥胖身軀常壓死自己寶寶，得用竹竿立出安全空間。大人日夜輪班照顧，祖父找來長木條綁著一串燈泡，垂吊到豬兒們身邊，讓牠們在寒冷冬夜也能保暖。

小豬兒養幾個月就能賣掉，豬販商龍仔來了，他跳進豬圈翻翻看看。當年農民淳厚，豬商童叟無欺，雙方客氣談個價立刻成交。豬販商龍仔手上忙抓豬嘴裏話家常，他迅速將豬兒抓入竹籠載走。銀貨兩訖！曾祖母手中握著一疊鈔票欣慰咧著嘴，開心的樣子到現在還能感受到！當年探頭探腦觀察母豬生產經歷，成了童年最有趣回憶。

外路仔

指額外收入或偏財之意。

動物一家親

貓、牛、兔、羊、豬、雞、鴨、火雞，
家裏養了近十種動物。
與動物玩樂的孩子，情緒有了紓解。

童年庭院角落是動物大本營，人和動物一家親。最高紀錄家裏養了：六貓、二牛、二兔、一羊、多豬、雞、鴨、火雞近十種動物。牠們每天棲息在門口菜瓜棚下。別以為這些是寵物，豬養來賣；牛耕田；羊是叔叔娶媳婦要祭拜天公；雞、鴨、火雞祭五臟廟，所有動物各有用途。這是典型農家生活，物質匱乏年代，買不起就自己養。

曾祖母在瓜棚下用網子圍成動物區，小傢伙常破網出來溜達，庭院到處是排泄物。傍晚放學，曾祖母忙著晚飯和餵豬。她會喊我們灑乾「火烌」打掃動物排泄物，火烌總能神奇的完成打掃任務。放學回家心情不好就與火雞對叫，灑掃中追鴨趕雞玩樂，院子裏聒噪不停。平淡農家，每天上演人和動物一家親。

家中的動物各有特色，牛體大能幹活眼睛很漂亮，有牛脾氣不能逗。貓敏捷聰明顏色多樣，常無情自換主人。豬悠閒享受，吃睡繞圈圈，喜歡沖澡。羊溫柔安靜，大便像中藥丸子。兔子毛茸茸溫馴可愛，美中不足便便很臭。兔子是老鼠的點心，老鼠是貓的宵夜。火雞噪音叫不停，宰一隻足夠全家冬令進補。鴨鵝啄人功夫一流，搖擺屁股逛大街，稍不留意被啄一口，啊！烏青一塊！

這些動物豐富了農家生活，近距離的相處與觀察，帶給兒童快樂童年。現今城市寸土寸金，想和動物互動，也只能開車到鄉村走一趟，或買張門票到農場、動物園了！

火烌

燒過的木材餘灰（餘燼）。

白河大地震

當下來不及反應，地震已將整面牆壁推倒。
牆腳大甕滾出綠豆，燈泡、家具瞬間摧毀殆盡。

國小三年級（西元1964年），強度為6.3級的臺南白河大地震登場，在臺灣地震史上留名。故鄉大內與白河相鄰不遠，震央很近震層很淺。早年造屋大都簡陋，鄉里很多「塗墼厝、半埆厝」，所以地震一來，災情慘重。

那是約莫晚上八點，冬夜裡家人都上床睡了。一陣天搖地動，短短數分鐘天昏地暗。混亂中夾雜呼叫聲、哭喊聲、老人敖敖聲（呼喝牛隻，要地牛停止翻身），場景猶如人間煉獄。

與姐姐和曾祖母同睡一房，來不及反應，地震已將整面牆壁推倒。天花板塌下，瓦片掉落滿地。牆腳大甕滾出滿地綠豆，燈泡、家具瞬間摧毀殆盡。第一時間曾祖母衝到隔壁房間，協助母親搶救二個弟弟。姐姐扶牆的手被夾住大叫，我害怕發抖到牙齒打顫，用狗爬式尋找生機。努力爬到大廳自救，想扳動門閂逃離坍塌現場，無奈已嚇成癱軟。幸好救兵出現，父親從友人家衝回。一邊大叫快逃，一邊大腳踹倒木門，大家才東倒西歪逃出。同一時間，廂房一邊祖父母、姑叔也逃出！清點人數，幸好全家無恙。抬頭觀望屋瓦、門房、牆面，無一完整。又冷又怕餘震不斷，老小庭院縮成一團互相取暖安慰。大人著急打聽親戚生死。消息傳來，鄉里有人被壓死，重傷、待救，令人哀傷。

往後二個月睡在祖父、父親庭院臨時搭建茅屋。地震驚恐與重建花了時間療癒。童年地震經歷，見證天災無情，也看到人的韌性。

塗墼厝

裹疊泥土泥塊的土牆屋。

風颱來了

屋後小路雨水成河，屋簷雨水滴答，
狂風呼嘯，大地有如猛獸狂奔！

「做風颱」啊！風颱來啊！中央廣播電台：各位聽眾請注意，颱風目前由東沙島海面以風速每秒四十公尺轉向東北，預計下午五時在臺南北方登陸。臺灣海峽沿海農漁民請注意防備。

每當收音機不斷播出颱風消息，空氣中總是飄著沉悶不安，這是每年夏天要上演戲碼。村人急到農田綁椿搶收，家禽家畜需妥善安置。父親爬上屋頂檢查屋瓦，曾祖母備好廚房柴火。紮實豬圈、安頓動物，找出蠟蠋、手電筒，大人忙進忙出如臨大敵。

故鄉大內因曾文溪蜿蜒流過，過去每颱必淹。鄉人搶收作物，家家憂心生計。家裡近溪有二塊田容易崩塌，祖父穿起簑衣帶著鋤頭出巡。曾祖母集合小孩固守家園。望著屋後小路雨水成河，聽著窗台鏗鏘、屋簷雨水滴答有如打擊樂器。與凜冽風雨組成一篇交響樂章。狂風呼嘯，大地有如猛獸狂奔，此時的屋內一片沉寂。

風雨催殘後的家園一片狼藉。作物夷為平地，崩壞田埂、掀落屋瓦，都待整理。曾祖母鼓勵說：「無要緊、無要緊，『有命就有財！有命就有財！』。」溪邊飄來死豬和雞、鴨、魚，河床有卡住的西瓜和數不盡的漂流木。颱風過後一切重來是農人的悲歌和無奈。過去看天吃飯的年代，也造就了臺灣農人堅毅靈活與豁達的性格！

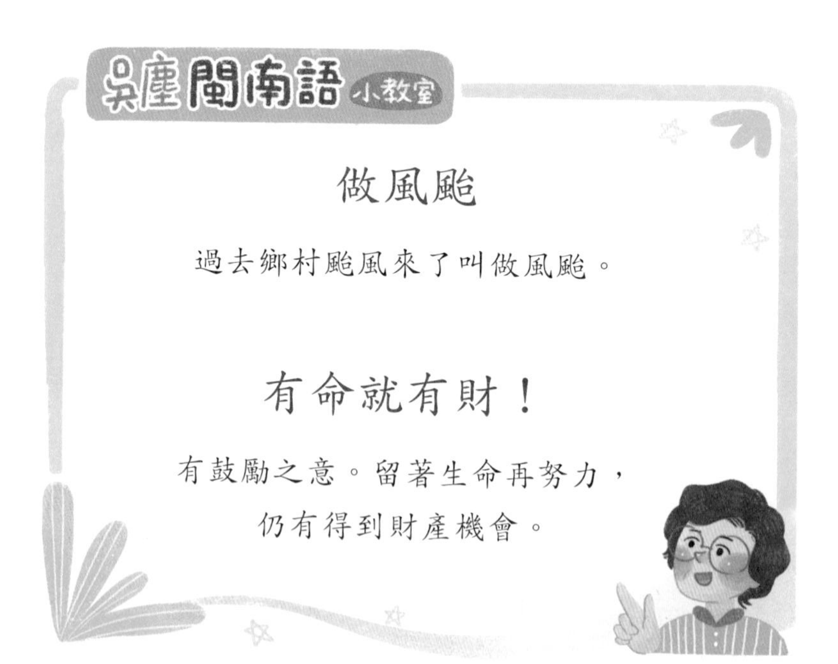

改運

四十年代沒健保，醫療費驚人，
一人生病拖垮全家。
貧窮年代，生病禱告、
求神拜佛都是心靈撫慰。

小學三年級我得了白血球症，差點沒了小命。當年母親背著我到處求醫，曾祖母求神問卜希望保住曾孫女。但我的病情始終沒進展，那年家人愁雲慘霧。記憶中一個寒冬深夜，家族神壇乩童突然發功，連夜通告，保生大帝要幫我改運。曾祖母火速用棉被將我包裹背到神壇，一番儀式運作後，乩童撕下一塊紅綢布綁在我的手臂，表示改運完成。「也著神，也著人。」，母親繼續背著我到處求醫。或許有醫療和神祐，終於在一年後治癒無留後遺症。改運後的紅綢一直綁在手臂直到髒黑。童年無所謂信仰，改運一事卻是神奇經歷。

四十年代沒有健保，大病醫療花費驚人，一人生病往往拖垮全家。當無法負擔費用，只能眼睜睜放棄救治。一位朋友童年因母親腎病，父親賣地到一無所有，一群孩子相互照顧，兄妹到河裡抓魚求生。

生病住院期間，隔床有位小兒，父母因貧窮放棄為他治療而過世。哀戚母親背著過世小兒，搭客運回鄉。貧窮年代，生病禱告、求神拜佛都是心靈撫慰、精神寄託。

保生大帝是民間信仰中的神明，早年隨著移民渡海來臺，在當時不安定年代有著穩定民心力量。先民們各有信仰，背著自家神祇渡海來臺。一廟同供多尊神明，求子、求財、求功名、求平安！儼然成了臺灣民間信仰的重要特色。

吳塵閩南語 小教室

也著神，也著人。

要神助也需人為努力，自助神助。

四十年代的家庭和家人關係

草蓆星夜

星光燦爛、滿天星斗，草蓆上翻滾嘻鬧。
童年沒有繪本和圖畫書，
常盼星月下祖父的有聲故事。

兒時夏夜，沒有電視、電腦、手機和冷氣。天氣燠熱，入夜後拿著草蓆，舖在有水泥地板的庭院。微風吹來，伴著夜色慢慢降溫。鄰居、族人聚集庭院閒話家常。大人「畫虎羼」，閒聊種田經驗、牛隻狀況、族人訊息，也聊各家孩子近況和成就。祖父談些風水、命相、歷史，祖母和阿祖靜聽陪伴。孩子們草蓆上翻滾嘻鬧數看星星，草蓆星夜是溫馨安詳的夜。

有時祖父會對我們講述一段歷史故事，大家鴉雀無聲各個挨近。鴨母王朱一貴的皇帝夢；鄭成功父子；廖添丁、白賊七，盜賊土匪作亂事件。這些珍貴故事記憶，全來自童年草蓆星夜，往往咀嚼良久照單全收。

沒有電視的年代，報紙、收音機是主要資訊來源。童年沒有繪本和圖畫書，常盼望草蓆星月祖父的有聲書。

星月下與小姑姑和姐姐，躺在草蓆上無聊數看星星。星光燦爛，滿天星斗，沒人教你看天琴、獵戶星座。但我們也會發現，類似人形排列的星星，一直高掛在遠方的天空。夜幕低垂，躺著、玩著，累了、睡了，大人輕巧抱起熟睡中孩子，結束農家的一天。星月依然高掛，伴隨著無垠的想像世界，早已飛入我的夢中！

畫虎羼

（話虎爛）

吹牛皮、無拘無束聊天說笑。

母親說故事

故事裡，桃太郎帶著飯糰，告別家人去打強盜。
母親總是不厭其煩，將遇到的動物一一敘述。
有時漏掉一個動物，我們還會提醒她補上。

母親出生日治時代受過小學教育。當時外公曾將三合院其中房間，租給日本警察。她對日本家庭和文化有一定認識。晚年，我們特別為她安排一趟日本之旅，以圓她的旅日夢想。也回憶起母親兒時對我們說的童話故事。

母親會說的故事不多。每次吵她說故事，就是日本童話《桃太郎》。另一則，是臺灣民間故事《虎姑婆》。兩則故事輪流說，怪的是百聽不厭。可能是故事內容豐富，加上母親說故事認真生動。

故事裡，桃太郎帶著飯糰，告別家人去打強盜。一路上翻山越嶺來到河邊遇到牛。桃太郎問牛：「要不要和他一起去打強盜？」，牛吃了飯糰，成為桃太郎的伙伴。他們又來到下個村莊遇到猴子，猴子吃了美味的飯糰後元氣十足，說牠能幫忙抓住強盜。走到半路遇到雞，雞說牠能啼叫並啄強盜嘴臉。後來又加入了狗、馬、羊等動物。母親總是不厭其煩，將遇到的動物如數家珍一一敘述。有時漏掉一種動物，我們還會提醒她補上。姐弟總是聽得津津有味，陶醉在故事情節。

《桃太郎》故事很長，母親又「添味素」，所以一個故事可以不斷地發展下去。說完《桃太郎》，意猶未盡的我們總是急催母親再說。這時，她會追加《虎姑婆》。第三則故事則從沒出現過！平時母親常哼唱日本歌曲和臺灣民謠《採檳榔》。小時候感覺母親是快樂無憂的。

後來，自己當了母親，也說床邊故事。不按牌理天馬行空，加入社會時事和幻想。兒女一致認為，我的床邊故事是童年深刻回憶。

添味素

添味素是加油添醋之意。

婚姻故事

老兵，晚年下注，賭上歲月和情感，建立家庭。
即使生在苦難年代仍勇敢追求幸福的夢想。

兒時有幾位老兵入住鄉里結婚成家，他們境遇各有不同。印象最深刻是鄰居冶子的老兵丈夫。老兵約莫五十來歲，溫文有禮，經人介紹認識丈夫早逝的冶子。冶子樂觀精明，賣果菜拉拔兩個兒子。老兵初來村里，得到溫暖對待，路過家門父親常與他雞同鴨講話家常。渡過一段幸福時光。

一次返鄉，再見老兵，眼神空洞無望。聽說與繼子不和，日子過得並不快樂。有一回，母親主動提到老兵走了，為多賺點錢，在工作中掉落曾文溪裏。冶子與老兵婚姻故事有所感傷。

第二組是另類姐弟戀，老兵來到村裏年紀已不小，短小精悍。老妻長他多歲，二人相依為命。他們生活契合很像熱戀情侶，老兵高八度鄉音，老妻溫溫閩南話，竟也溝通無礙。路過他倆家門，常能感染幸福歡喜。

老兵嘮叨碎唸，但勤勞開朗，深得老妻讚賞。歲月催老老妻先走了，往後回鄉，已不見老兵去向！

第三組是位軍醫藥師，他與村裏寡居婦女再婚，生下漂亮女兒。老藥師融入鄉人生活隨和友善，廟前下棋開講村人讚譽有加。家庭美滿女兒孝順，是三組中較平順的。

村里老兵，晚年下注，賭上歲月和情感。各自建立家庭，寫下悲歡離合的故事。佩服他們，即使生在苦難年代仍勇於追求夢想。俗語說：「落土八字命，命運天註定。」，每個人因緣際會不同，但相同的是對幸福的渴望與追求！

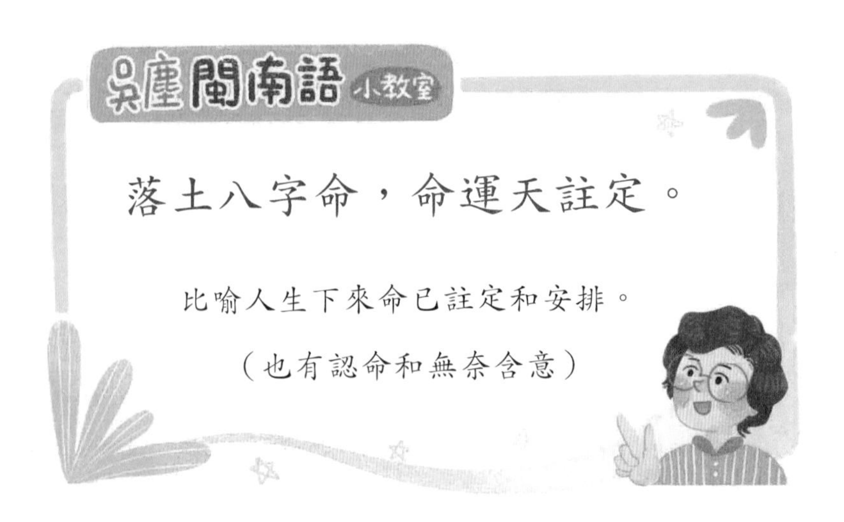

龍伯公

龍伯公早年喪妻獨養兒女，孤寂生活寄情於樂器。
為賺點零用，龍伯公在喪禮中幫人吹奏樂器……

龍伯公是同姓宗親，老家鄰居長輩。龍伯公在兩家防火巷中，搭蓋他的簡陋琴房，有一張破舊置物櫃沒有門和鎖。防火巷牆上高掛幾隻寶貝胡琴、嗩吶和洞簫。龍伯公早年喪妻獨養兒女，沉默寡語，孤寂生活寄情於樂器。為賺點零用，龍伯公在喪禮中幫人吹奏樂器。

早年，鄉下人過世就是簡單陣頭。陣頭由五到八人組成，是個小型樂隊。由嗩吶領頭，其他二胡、洞簫、鈸、笛子等樂器加入，奏些簡單熟悉曲子。每當村裏聽到高亢尖銳的嗩吶聲，就知有人過世入殮或「出山」。當年鄉村出殯儀式大都樸實簡約。孝女白琴哭陣還沒流行，熱鬧樂隊吹奏還沒出現，更不是現在殯儀館告別方式。而是親友情義相送山頭，陪伴亡者走完人生最後一哩路。

閒暇時龍伯公總是安詳坐在防火巷，拉玩保養他的樂器。二胡是他最寶貝樂器，兒時每次經過防火巷，抬頭望一眼牆上樂器，有一種熟悉的親切。

後來聽說龍伯公走了。就像布袋戲常有的獨白：「來毋來，去毋去。」龍伯公人生旅程尤如船過水無痕。有隱士風範，也有生活的哲學與智慧。

出山

指出殯。

來毋來，去毋去。

形容人生好似沒有來和去。

吃在四十年代

雨天的零食

花生糖出爐了！
微弱燈下，滿足的眸子和停不住的嘴。
滴答雨聲和著滿屋飄香，一幅農家樂頓時停格。

四十年代，五月梅雨季常長達半月以上，七到十月更是颱風季。位於曾文溪畔家鄉，颱風來襲溪水爆漲，常淹掉靠近河床大半農田。鄉人如臨大敵維護辛苦農作。颱風肆虐後農家常一切重來，農人有著看天吃飯的無奈！

大人平常早出晚歸下田耕作，一到雨季全家老小關在屋裡，下雨天就是快樂零食天。家人開始討論做些什麼零食「窒齒縫」。祖母和母親都會做零食，食材不用採買，倉庫隨時堆備用大甕分裝的收成作物，有白米、帶殼花生、白糖、各類豆子、芝麻、蕃薯、麻油、蕃薯芊等，全是自產。

雨天的零食，祖母最常變出花生糖。製程簡單，將去殼花生炒熟，少許砂糖稀釋與麥芽調配成稠汁，趁熱淋到炒香花生上，再用玻璃瓶滾動稍微攪拌舖陳，最後灑上芝麻。微涼後花生、麥芽凝結成型，再切成塊狀，麥芽花生糖就大功告成！

香噴噴花生糖出爐了！祖母一聲喝令，如同百米賽跑鳴槍，說時遲那時快，十幾隻大小手同時到位。微弱燈下，有一雙雙滿足眸子和停不住的嘴。滴答雨聲和著滿屋飄香，一幅農家樂頓時停格。物質缺乏年代有花生糖可吃，何等期待和滿足。那是一種簡單的幸福！

吳塵閩南語 小教室

窒齒縫

（塞牙縫）

有加減吃、滿足吃慾之意。

阿祖的麻油飯

麻油香在空氣中漫遊，久久不散……
中午曾祖母總是乾炒麻油飯，讓我飽足後再上學。

早期臺灣黑芝麻自種不進口。黑芝麻收成後，交由農會代勞提煉成麻油。農家倉庫儲存自種麻油，常可吃上一整年，濃郁麻油飄香百年。出生在四十年代嬰兒潮，小小新鮮人上學就遇教室不足問題。各處學校只好拆段上課，我是下午段新鮮人。每天中午曾祖母總是乾炒麻油飯，讓我飽足後再上學去。曾祖母放入「吃免驚」麻油，再以老薑熱火爆炒白米飯，每天中午濃郁麻油香在空氣中漫遊，久久不散！

也許是提煉技術純熟，故鄉大內麻油香醇濃郁，很有名氣。三杯雞、薑母鴨和許多料理都用得到。但麻油乾炒白飯至今仍是我的最愛，香醇麻油炒飯百吃不膩。

乾炒麻油飯很簡單，炒來最有成就感，加個蛋放點菜點綴（菜不必多，要將水擰出），色香味俱全好吃爆表！

吳慶老師童年私房菜

麻油飯做法：

①香濃麻油約三匙 ②白米飯一碗

③麻油放入乾薑大火爆炒再倒入白米飯

④米飯炒散成金黃色

⑤灑上少許鹽巴粒

就是簡單原味麻油飯

你可依喜愛變化各種麻油飯：

乾薑白米麻油飯／蛋炒麻油飯／
青豆瘦肉麻油飯／素雞麻油飯／
三色麻油飯／櫻花蝦麻油飯／
蝦仁青豆麻油飯

你也可以再自創加料，
嘗試各式麻油飯。

跟牛車的女孩

甘蔗採收季一到，團隊出動協助全鄉收成。
童年偷懶好玩，選擇跟牛車，
邊走邊哨的完成任務。

臺灣光復後的四十年代，嘉南平原還流行種植白甘蔗。政府鼓勵種植白蔗，超過一定耕作面積就有獎勵。農主可被邀請到糖廠參觀，這種榮耀和禮遇，農人很買單。祖父將農田大量種植白蔗響應政府。甘蔗採收季節一到，砍收團隊出動協助全鄉收成，家家常需總動員。採收好的甘蔗用牛車載送到蔗埕集中，再以五分火車運送到善化糖廠製糖。

祖母分配給孫子的工作，可以自己選擇。兒時偷懶好玩，常選擇跟牛車到蔗埕。人小跟著牛車很吃力，一路半跑半追執行任務。牛車承載滿滿甘蔗，走在顛簸泥路會沿途抖落，得拾起甩回牛車。抖落整把就請駕駛牛車大人幫忙。路上常有大人小孩跟著牛車攔截抽取甘蔗，祖母交待遇到抽甘蔗都要阻止。我是有吃一起來，招呼大家別客氣！這任務真是派錯人，這「了尾仔孫」不顧家。

跟在牛車後面，常抓住機會邊走邊啃甘蔗，肚子水分漲到咚咚怪叫。跟牛車到蔗埕，是同輩農家子弟共同經驗。鄉人採收白蔗季節，全鄉開心忙碌，空氣中飄著幸福豐收甜味。那年代蔗糖珍貴管束嚴格，偷吃白甘蔗犯法，但物質缺乏大家還是冒險偷吃。除了蔗埕、田裏、牛車可以拿到白甘蔗，運往糖廠行駛中的五分車，也可抽取到白蔗。五分車抽甘蔗比賽，是出生三十、四十年代同輩們珍貴童年記憶。

幸油飯

煮好幾十斤油飯，
用碗公盛著，一梯梯送出。
接到滿溢油飯，
總是恭喜、祝福、讚美聲不斷。

宗親或鄰居金孫滿月，每家會接到兩個紅龜粿，二片水煮蛋（生蛋雞尚未開始，雞蛋珍貴）與一碗公油飯。油飯總是壓的尖滿，暗示金孫會福氣滿滿。油飯裏有平時吃不到的蝦米、魷魚條和香菇，那個物質缺乏年代這可是珍品。

分送油飯常由當祖母的擔綱。煮好幾十斤油飯，用碗公盛著，一梯梯送出。金孫祖母挑著擔子挨家挨戶「幸油飯」。接到大碗公滿溢油飯，總是恭喜、祝福、讚美聲不斷。添金孫開心歡喜全寫在每位祖母臉上。趁著送油飯也閒話家常，兩位老人家站在門口說不停，屋裡小孩拿著飯碗搶吃油飯。每碗香滿油飯都藏著傳承責任和真心祝福。

湯圓、紅龜粿、油飯、大喜餅，都是過去鄉村幸福的代表食物。老輩臺灣人包容淳樸，用心待人，樂觀認命，容易滿足。長輩們總能在辛苦夾縫中，尋找小確幸。「吃人一口，報人一斗。」，人事物皆有一套自在平衡法則。現在婚禮、喜慶常選在飯店舉辦，總覺省事方便中少了溫度與人情味。時至今日，喜餅油飯禮俗還在，浮圓仔湯、送紅龜的習俗已漸走入歷史了。

吃人一口，報人一斗。

得人少許幫忙，還給更多回饋感恩。

吳麈老師童年私房菜

幸油飯做法：

① 將爆香蔥頭、蝦米、瘦肉絲、魷魚、香菇炒香。

② 再與蒸好的糯米調拌，並以醬油、豬油提味，香氣逼人油飯就出爐。

吃大餅、煨菜尾、浮圓仔湯

辦完喜宴後的剩菜才是壓軸，
挨家挨戶送「菜尾」，
感謝喜事期間大家「相放伴」。

吃大餅、煨菜尾、浮圓仔湯，是鄉親嫁女娶媳的傳統習俗。一家有喜事就是家族的事，大夥競相走告。當喜餅送到家，每人都能分得一小塊塞塞牙縫。過去老輩重視女兒訂親吃大餅，一斤、二斤、四斤不等，也有大如篩子的喜餅。農業社會大家族人口多，娶媳婦吃大餅是一筆大開銷，雙方親家在默契中協調開辦。喜餅金額全由男方買單。要全力配合展誠意，否則婚事可能泡湯。

大餅製作成各種鹹甜口味。有鳳梨、綠豆椪、鹹肉、五仁、豆沙等。由冬瓜、紅綠豆、蔥酥、豬肉、豬油和砂糖等製成。物質缺乏年代這些喜餅甚是珍貴。老輩重視吃大餅，「輸人毋輸陣，輸陣歹看面。」。嫁女大口吃喜餅有面子問題，也挾雜著不捨和複雜情緒。

喜事當天一早開始「浮圓仔湯」，邀請親友吃甜湯圓，表示圓滿。大量湯圓用新水桶裝著，愛吃多少有多少，小孩們貪甜常吃到撐著。沒空湊熱鬧親友，喜家派人挑送湯圓到府一起沾沾喜氣。宗親和鄰居們遇喜、喪事會主動「相放伴」。

充滿人情味的年代，只要靠近喜家就能聽到長輩吆喝，來！來！來！來吃一碗圓仔湯。甜湯圓還未入口就已甜到心頭。Q 軟滑嫩在來米手工湯圓，至今仍懷念不已！

辦完喜宴後的剩菜才是壓軸。喜家將辦桌所剩菜餚全倒入大鍋，放入大量大白菜燉煮，增加份量分食。香爛「菜尾」傍晚煮好，分送喜事期間幫忙的鄰居和親友。喜家挨家挨戶送菜尾感謝相放伴。熱騰騰香味四溢菜尾送到，各家取出鍋碗瓢盆盛接。這一鍋菜尾是晚餐最好加料，餐桌上大伙搶吃，小孩們在鍋裡挑來撿去尋寶，回味無窮！

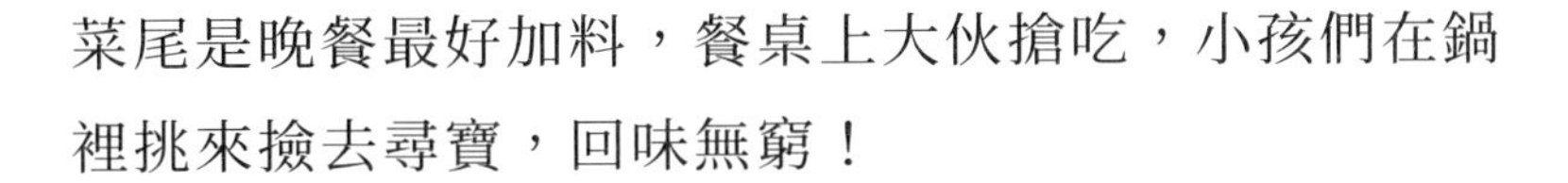

輸人毋輸陣，輸陣歹看面。

過去是比喻陣頭輸贏，
形容可以輸了個人，不能輸了團體。
此篇吃喜餅中有較量比較之意，
意涵吃餅數量不能寒酸輸人。

相放伴

自動幫忙幫襯。

撿蕃薯

鄉人沒種蕃薯或較困難家庭，
提著籃子到田邊。
採收過程，地主和撿蕃薯的人有一種界線和默契。

早年蕃薯在農村扮演重要角色。童年家中四代同堂人口多，曾祖母在白米中加入蕃薯芊煮大鍋飯。大家總是搶著先盛飯，可多撈些白米。父親從小吃怕蕃薯，年長後不再碰蕃薯。有一回買了烤蕃薯請他嚐嚐，他堅持說：「這輩子該吃的份吃足了吃怕了！」蕃薯還有另一個美名叫「月見湯」。相傳一位農民，到城裡小吃攤點一碗月見湯，端來一看是蕃薯湯，立馬翻臉退貨。

家裡靠溪床的田種很多蕃薯，人吃，豬也吃。漂亮蕃薯挑出刨成絲，曬乾後成為「蕃薯芊」，堆放倉庫吃整年。豬兒乾濕都吃，蕃薯是牠們主食。蕃薯採收時，祖母要求全家小孩出動幫忙。水牛犁過的土鬆了，蕃薯就一條條現形，根莖深的用人工拉拔出土。

採收的蕃薯堆疊整理裝入麻布袋，用牛車載運回家後去泥分類利用。

鄉人沒種蕃薯或較困難家庭，知道有農家將採收蕃薯，就會提著籃子跟到田邊。他們撿拾零碎遺漏蕃薯，叫「撿蕃薯」。地主和撿蕃薯的人有一種界線和默契，通常可以滿籃收獲回家。很長時間不吃蕃薯，近年又開始吃蕃薯。蕃薯養人香甜依舊，再次憶起灶邊烤蕃薯場景。早年農家的臺灣囝仔，全是吃蕃薯長大的蕃薯丫仔！

蕃薯芊

蕃薯刨成絲狀曬乾後叫蕃薯芊。

学生服

穿在四十年代

赤跤仙上學

同學將兩隻鞋綁在一起吊掛脖子，
有鞋不穿是何故？
是大人故意買大號，不合腳，或是捨不得穿。

四十年代偏遠鄉村，大部分小孩是光腳上學的。升上小學三年級得到一雙白色船型膠鞋，軟趴不透氣。容易出汗又吱吱作響，走起路來不小心就拋飛。每天穿它上學來回四趟，反而成為負擔。大部分時間乾脆脫掉膠鞋，回到當「赤跤仙」的舒坦自在。

夏天中午回家吃午餐，太陽灼熱，走在泥石上會燙得飛跳。穿鞋又裏外不舒服，所以開始羨慕少數有皮鞋、布鞋可穿的同學。但，有布鞋的通常也是半穿半脫。同學將兩隻鞋綁在一起吊掛脖子，有鞋不穿又是何故？原來是大人故意買大不合腳，小孩長得快多買一號穿的久。有的人新鞋捨不得穿，掛在脖上不沾泥土。一位朋友說，她第一次穿新鞋很興奮，故意把腳伸到走道展示，因而將同學絆倒得意不已。

普遍刻苦年代，兒時大家幾乎很少穿鞋。直到考上初中，才有第一雙學校規定圓頭黑皮鞋。笨重新皮鞋每天擦的黑亮，格外珍惜。

四十年代淳樸平和，大家自在面對物質匱乏生活。農藥還沒入侵，暖化尚未出現，土石流是陌生名詞。大家安於簡約自然生活，四十年代農村不論大人、小孩，幾乎人人都是「**赤跤仙**」！

赤跤

光著腳、沒穿鞋的腳。

三分人七分妝

女學生，白衣黑裙加馬桶蓋髮型。
男學生，白衣卡其褲和三分頭。
厚跟高腳鞋配上喇叭褲，是當時時尚與流行。

「三分人七分妝」。四十年代成衣尚未流行，很多衣服是裁縫師完成。逛街買布量身製衣是生活必需，布店與裁縫師當時算是熱門行業。女人們常結伴逛街剪布添新衣，厚跟高腳鞋配上喇叭褲，是當時時尚與流行。四十年代女學生，一律白衣黑裙加馬桶蓋髮型，男學生白衣卡其褲和三分頭。上學穿制服，放學還是制服。大哥穿過的小弟撿來穿，姊姊穿過妹妹穿。沒有比較，大家淳樸自在。

過去年味濃，經濟還過得去的家庭，會在過年前為孩子們添件新衣。過年時祖父買回多款布料，總是與姊姊搶著喜愛花色，期待自己能穿上美美新衣。無奈兒時活動力強，皮膚黝黑強悍，因得黑狗小名。怎麼穿都沾不上美字啊！

小孩多的家庭，能買件新制服也算新衣。長輩常告訴我們：「勤儉才有底，傷過浪費不成家。」孩子們均格外珍惜衣物。沒有洗衣機年代，手洗衣物似乎穿得更久些。

現在，只要願意，多數人天天買得到新衣。年輕人重視穿著會打扮，城市街頭到處看得到俊男美女。幾年前參訪柬埔寨吳哥窟，觀察到當地小朋友穿著繡有臺北市古亭國小舊制服，彷彿看到四十年代臺灣鄉村兒童身影，格外親切。

穿衣美感需要養成，不妨讓兒童可以自己挑衣、配衣。是訓練，也是美感培育，您同意嗎？

呉塵閩南語 小教室

三分人七分妝

三分長相七分打扮。

形容合宜妝扮外相更美好。

勤儉才有底，
傷過浪費不成家。

勤儉才能累積，太過浪費無法成家。

住在四十年代

小偷記

抓賊！抓賊！抓賊！
這一路抓賊叫喊驚動全村。
壯丁來不及整裝，
隨手抓起農具，傾巢而出圍堵賊兒。

門不閉戶，在兒時家鄉做到了！

村人日夜門戶大開。沒什麼好偷加上民風淳樸幾代親友，任何人都可隨意走動串門子。小孩這家穿過那家，走走看看。有時懶得繞路，大咧咧路過鄰居正在吃飯大廳，還能得到一句關心：阿琴吃飯沒？每個家幾乎都是開放的，沒什麼隱私可言。

有天夜裡，來了一個外地小偷，他鎖定山下人家準備偷竊。主人院子裏放養土雞，一家人晚餐後出門溜達。小偷趁機潛入屋裏翻箱倒櫃，搜不到值錢東西，順手抓幾隻雞丟入麻布袋準備逃逸。也是「賊星該敗」，萬沒想到與主人在門口碰頭，雙方演出追逐戰。村人邊追邊喊～～抓賊！抓賊！抓賊！

這一路抓賊叫喊驚動全村，各家壯丁來不及整裝，已隨手抓起農具、工具傾巢而出圍堵賊兒。小偷年輕力壯，過關斬將一再掙脫。最後被聰明村長拿出曬衣竹竿，將他絆倒，大家七手八腳將他綁在電線杆。老弱婦孺聞風聚集圍觀。一頓打罵，小偷嚇到昏厥，眾人用冷水潑醒再打。紛亂中，有人大聲喝斥，會出人命不能再打。有人罵道：「夭壽囝仔，好腳好手毋討趁！」小偷低頭認錯，移送派出所，離開時他說下次再也不敢了。寒冷冬夜躲在人群中觀察，非常震撼！

小偷風波後村裡很快恢復平靜。小孩仍這家穿過那家，大家繼續過著門不閉戶日子。村人團結抓打小偷很快傳開，很長時間，沒有賊人再敢登門拜訪。淳樸農村自有一套互助自保生活方式，道德、正義、良知，有著不成文的約束力。色狼、騙徒成為全民公敵無法立足。人人安分過日子，每個人都是活動監視器。那是物質缺乏，但精神豐足、道德嚴正年代。

討趁

工作、鑽營討生活。

挑糞

房間角落常放置木尿桶，小孩掉進尿桶時有所聞。
村裏路上遇上挑糞人，自動走避，像摩西分海。

乾淨衛浴是現代人的幸福。四十年代鄉村，衛生條件很差。自家廁所設在三合院外面，十幾口人加上鄰居不客氣搶用，廁所經常沒閒著。最特別的是當年房間角落常放置一個木尿桶，用布簾簡單遮蓋。臥房空氣中總有不同程度尿騷味，小孩掉進尿桶時有所聞。早上拿出尿桶將水肥倒入坌堆，刷洗一番再搬入使用。農村不輕易浪費任何資源，連尿都不放過！

所謂廁所很簡陋。小房間裏有個平台，平台下挖個半人高洞坑。平台上留下一個約長四十五公分，寬約二十五公分洞口。使用時雙腳分開踩蹲，對準大坑就能方便。低頭，臭味加蛆蟲在眼下蠕動。使用時要專心、淡定，以免掉入「屎礐仔」。

當水肥堆積到一個程度，就挑到田裡灌溉。甘蔗葉、稻草、芝麻梗等各種作物葉子，家禽家畜排泄物、家庭菜葉，都是肥料來源。農作自然生長，不使用化學肥料和農藥。經水肥灌溉植物，總是長得又肥又大。

挑糞到田裡，是祖母辛苦的工作。她用竹竿綁著勺子，將水肥掏入木桶。在掏滿水肥木桶上，放置一把稻草，掩蓋臭味避免溢出。祖母快步走避行人，將水肥挑到田裏灌溉。村裏路上遇上挑糞人，大家自動走避，像摩西分海一樣。哈！挑糞人最大，可以「橫行霸道」。現代衛浴乾淨又方便，免治馬桶漸普及，使用時總是心存感激。生活中再也不必與蛆蟲、尿騷味為伍了。

衛生紙進化

屁股經歷過竹片、芝麻桿，
搓軟後的黃牛皮紙。
初中後，有柔軟衛生紙可用，彌足珍貴。

父親節，兒女送一個免治馬桶給他們老爸。簡單組裝立馬舒適使用。憶起兒時經歷的衛生紙進化過程，也感恩時代改變帶來的幸福。早年上完廁所使用竹片、芝麻稈刮屁股了事。後來演變成撕一塊黃牛皮紙，搓軟後擦拭。大約國小階段才有粗硬衛生紙，再進化到泛黃紙質。直到上初中時期，衛生紙已柔軟潔白。尤其是城鄉普遍引進馬桶後，臺灣衛生條件向前邁進一大步。

初中時期，母親在家鄉廟前開了小百貨店。當時衛生紙是一包、一包賣。一包用完，再來買一包，大家普遍愛物惜福。甚至一張衛生紙透過摺疊分次使用。當年沒有隨身包面紙，衛生棉也不普遍。女性生理期，大人買生理緊束褲，然後將衛生紙撕碎舖墊著用。厚厚一層衛生紙塞在褲裏，真是彆扭。

「食果子拜樹頭，吃米飯敬鋤頭。」衷心感謝在衛生紙的進化過程中，每一位改良、製造、研發與貢獻者。

衛生紙從無到有，粗糙到柔軟，從一小包買到一整捆。圓筒式到抽取式，從平面到印花。衛生棉、濕紙巾，大小包裝處處可見。在日常生活中扮演小兵立大功角色。

四十年代，每個擦過芝麻桿的屁股，對於有柔軟衛生紙可用，彌足珍惜。現今免治馬桶普及，衛生紙已到可溶於水。看來衛生紙進化又到另一個階段。

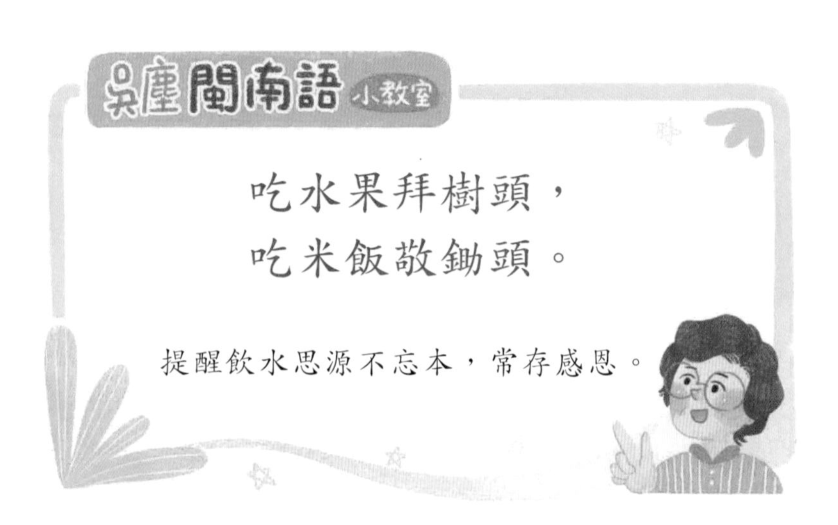

行在四十年代

學生專車

學生專車早上五點多已從小村落發車……
沿途收學生，
車上塞滿專科生、高中職生、初中職生。

沒有十二年國教年代，考上初中幾乎要到外地求學。有人外地租屋或寄居親戚家，大部分人是通車到校，上學是件辛苦考驗。每天早上不到六點，學生專車客運，已從最偏遠小村落發車，沿途接收學生。車上有專科生、高中職生、初中職生（過去有初職），大家全擠在學生專車裏。有人中途轉車，有人再騎一段「跤踏車」（腳踏車），或下車步行到校。莘莘學子每天一早通往各地求學。人人經歷求學路的辛苦焠煉。那年代少有騎車、開車接送小孩到校家長，那是電影才有的畫面。

客運座位不多，所有空隙塞滿人。司機負責開車，另設車掌小姐一位。車掌賣票、收票並管控旅客上下車。特別是經過平交道，車掌要下車小跑步觀察兩邊來車，指揮司機通過平交道。一路上，上下車頻繁，口哨聲響不停。客運又慢又累，但沒自用車年代，客運是重要交通工具。

我讀縣中，離家不算遠。客運走走停停四十分，下車後再步行二十五分，一早的折騰，早餐早已消化完畢。

正值發育階段，每天通車步行，肚子總是處在飢餓狀態。經常一早到校後先偷吃中午便當。一次與同學上課同時偷吃便當，互相取笑。沒料二人便當蓋前後滑落，連環鏘聲引來老師注意。什麼人？大家朝著我們笑，我大辣辣起立罰站。唉，都是飢餓惹的禍！

每天擠沙丁魚通車上學的日子，練就了吃苦和耐力。相較現在上學，有高鐵、捷運、客運、交通車，甚至自家車接送。四十年代學子們，在迢迢的求學路上，著實辛苦啊。

育在四十年代

惡補

補習由班級導師擔綱，沒人會無聊去告發。
家長還要拜託老師補習，
期待子弟考入理想初中……

四十年代已有補習。鄉村教育資源缺乏，通過補習有較多機會考上理想初中。小學四年級開始分班，區隔升學與就業，也意味補習開始。補習由班級導師擔綱，沒人會無聊去告發。「有補有行氣」，家長還要拜託老師補習。期待子弟能考入理想初中，將來成龍成鳳。

小學六年級，我的班級補習人數高達六十九人，小小個頭擠爆整個教室。偏遠鄉村補習模式，一直到實施九年國教才漸趨緩。小六已接近聯考，補習緊鑼密鼓填鴨複習，印象最深刻是跪和打。早上寫十張考卷下午聽解題。每人都有最低分標準，沒有達標就挨打。數學應用題答錯一律跪在講台下聽解。我因病輟學近一年數學底子差，惡補過程吃盡苦頭。每天跪到腳發麻，挨板子的手腫到不能拿碗筷也不吭一聲！

那是教師地位崇高，家長願意信任老師的年代。長大後常想，當時是如何渡過那段挫折歲月？

補習期間，晚餐由家人提餐盒到校。晚上八點後放學已疲憊不堪，回家後還有功課。昏暗燈下，常有孫女埋頭功課，曾祖母藤椅上瞌睡的身影。等到祖孫倆上床，常已深夜。

小學畢業，我不到一米五，應與惡補和睡眠不足有關。那個文憑至上的年代，脫離貧窮，讀書是改變的機會。而惡補確實能考上較理想中學。過去萬般皆下品唯有讀書高，觀念根深蒂固。

所幸現代人無須再遵從這個理念。現今是多元創意導向年代，學歷不再是成就保證。健康適性發展，也能攀上高峰，也有機會行行出狀元！

吳塵閩南語 小教室

有補有行氣

原意是身體有補進補品會更健康。

此文形容多一分努力，

行事更有進展和機會。

掏蟲抓蝨母

掏蛔蟲、抓蝨母，
是衛生條件差的年代，共同經驗。
感染頭蝨很快蔓延全班，
頭頂搔不停，肯定是中獎了。

蝨母是頭蚤。掏蛔蟲、抓蝨母，是衛生條件差的年代衍生的共同特殊經驗。追究原因，應是個人衛生習慣不佳，大環境條件不良造成。又與飲食生熟不忌有關。

賣蛔蟲藥是當時特殊行業，兒時媽祖廟前榕樹下常有賣蟲藥的。老闆一到廟口擺攤，一邊吹氣球送小朋友，一邊誇張鼓動家長買蛔蟲藥。江湖老手滔滔不絕，很快抓住群眾心理，愛孩子家長很難空手離開。

啊！你家囝仔肚子鼓鼓的，就是有大小隻蛔蟲住在肚子裏。吃飯不夠蛔蟲享用。蛔蟲侵入腸胃使人沒命，晚上睡覺蟲會從嘴邊爬出來。好好囝仔飼甲沒成樣的（好好小孩養到不成人樣）。言詞犀利聳動，加上地下擺滿不同蛔蟲標本，令人噁心害怕。大人最後還是掏錢買藥。

四十年代，每個小孩或多或少都有掏蛔蟲恐怖經驗，我也掏過幾次。當吃下蟲藥已開始擔心，果然肚子一陣絞痛後，拉出有些還在蠕動的蛔蟲。當時深信不吃蟲藥，晚上蟲會從口和鼻子爬出來。

抓蝨母是全面性傳染，這經驗在童年上演多次。班級有人感染頭蝨很快就蔓延全班，頭頂搔癢不停，肯定是中大獎了。校園全面殺蝨蔚為奇觀。殺蝨母前一天，老師在朝會宣佈每人帶頭巾到校，全校集體作業。老師拿著殺蟲劑往小朋友頭上噴，再綁上不同花色頭巾上課。大家互相喧鬧取笑，最後男生乾脆剃光頭，女生互相抓蝨卵極像一群猴子。

各種病毒一再變種，過去的 SARS、現在的新冠病毒。人類很辛苦，每個時代都有不同病菌要對抗。必須不停地適應環境求生存！

樂在四十年代
○○○家人外找

露天戲院

戲院座椅由三根胖竹竿綁成，
或站或坐可納百來人。
台上掛著布幔投影，雨天躲屋簷、
冬天寒風中看電影。

童年故鄉有兩個戲院，大戲院後來經營不善，成了農會提煉麻油的倉庫。露天小戲院則經營一段很長時間，它提供鄉人重要娛樂。

戲院座椅由三根胖竹竿綁成，或站或坐可容納百來人。戲台上掛著大布幔投影，風大時，音效會發出呼呼怪叫聲。電影演出中遇家中有事或外找，螢幕角落會有小字通告。例如：楊文明外找，吳美家人叫你回去。

雨天躲屋簷、冬天縮在寒風中看電影，大家依然津津有味。早期流行臺語片，常以當時社會背景為劇情，例如：《爸爸是行船人》、《王哥柳哥遊臺灣》。臺語演員有矮子財、胖玲玲、金枚、白蘭、現在電視製作人周遊等。後來加入國語、粵語片，每天不同戲碼熱鬧滾滾。樂蒂、凌波的《梁祝》連演多天，後來因此流行黃梅調。王羽、鄭佩佩演的《龍門客棧》;柯俊雄、張美瑤的《養鴨人家》，都受歡迎。何莉莉、唐寶雲、王莫愁、歐威都是當時國語片主要演員。粵語片有蕭芳芳、陳寶珠、馮寶寶等。

多年前女兒邀請我和孩子的爹，一起觀賞楊力州導演的電影《我們的那時此刻》。電影裡記載臺灣社會發展脈絡，溫柔提醒、分享不同年代的那時此刻。再度勾起四十年代電影滿滿回憶。

當年，戲院外牆總是貼滿檔期海報，預告著即將上演影片。我常流連駐足欣賞演員想像劇情。全票五元、半票三元，小朋友入場票價由工作人員目測。入場時大人會叫小孩駝背，或趁人多，分散拉著別人衣角混入。

電影散場前十分鐘，戲院將大門打開，這個很有人情味的詞叫「**抾戲尾**」，看十分鐘免費電影過乾癮。鄉下人早睡，電影散場約晚上九點已算晚了，一路半走半跑回味劇情摸黑回家。推開輕掩房門，快樂童年，露天戲院應記上大功一筆！

吳塵閩南語 小教室

抾戲尾

抾戲尾（撿戲尾）

是指電影散場前可自由入場。

此時趁機欣賞到一小段戲劇結尾。

盲女說書

盲女手彈月琴、嘴上說書，
聲音渾厚、頓挫有緻，
休息時喝口水賣點膏藥換些收入。

我來唸歌呼你聽啊伊，毋免抾錢啊免得驚阿耶。勸你做人就端正，虎死留皮人留名啊耶。（我來唸歌給你聽，不會要錢不要怕。勸你做人要端正，虎死留皮人留名。）這是一對瞎子夫妻，月琴歌仔調賣唱的開場白。

故鄉媽祖廟前，常有王祿仔仙（賣唱表演者稱呼）。最特別是一對雙盲瞎子夫妻，不知來自何方。出現時總是互相搭著肩膀扶持前進，他們來到廟口說書賣唱討生活。選擇一個角落，擺下簡單道具後，便開始自說自唱表演。

瞎子夫妻恩愛自信，女聲說唱、男聲和。大部分是女瞎子自說自唱一整晚。她聲音渾厚、頓挫有緻，手彈月琴，嘴上說書。民間故事陳三、五娘是盲女最常說的劇本。她可同時擔綱多個角色對白，神態安詳陶醉，如置身情境之中。每次瞎子夫妻來到廟前說書賣唱，我總是拿著板凳，坐在角落當忠實聽眾，直到將近散場才肯收心回家。

女瞎子說書實力扎實，只要靜下聆聽就被吸引。攤前有一票粉絲群，休息時他們喝口水賣點膏藥換些收入，大人多半會掏錢捧場。常覺得這就是「一枝草、一點露。」，自食其力，眼瞎、心不瞎。老天給他們另一種生存能力，能面對生活挑戰是他們夫妻最動人之處。

現在說唱人才大都凋零，這種表演藝術若無傳承，很快將成絕響！

歌仔戲班來了

媽祖生日歌仔戲、布袋戲出動拚場。
村人流水席宴請親友吃飯看戲。
這是早年臺灣農村娛樂與情感交流方式。

四十年代鄉村流行歌仔戲。歌仔戲從宜蘭落地掃漸而發展到舞台，被稱為大戲。大戲歌仔演員服裝講究，唱腔身段傳統精緻，台下總是人潮簇擁。神明聖誕，信徒請戲班廟前搭台演出酬神。故鄉媽祖廟做醮，歌仔大戲、布袋戲出動拚場炒熱節日氣氛。難得熱鬧，村人們自辦流水席宴請親友吃飯看戲，各路總舖師出動大展廚藝。這是早年臺灣農村娛樂與情感交流方式。

歌仔戲劇本，往往取材自歷史忠孝節義故事，對社會有教化功能。部分戲團為了生存，後來有改良式落地掃表演。演員唱腔身段走傳統路線，但臉部化妝簡單戲服隨興。這種戲班常進駐村莊表演，團員約十來人組成，配合農村作息演出，他們賣些藥品維持戲班開銷，在村裡租屋長駐。每天下午戲班提早晚餐和化妝，入夜後將道具搬到廟前準備開演。村人晚餐後各拿板凳佔位等著看戲。改良式落地掃歌仔戲，四十年代在鄉村頗受歡迎，成為偏鄉農村老小娛樂。

戲班裏老人、小孩、夫妻檔生活在一起，很像一個移動遊牧家族。村人瘋狂追星不分老小。鄰居月英嬸仔，與戲班女扮男裝主角結拜為姊妹，引以為榮。粉絲打黃金送男主角，送自家農產品，與現在年輕人演唱會追星程度不相上下。小孩每天伺機接近戲班住處，探頭探腦看化妝、觀察戲班生活，大家常幻想以後要當男女主角。

如今面板當道，歌仔戲隨社會快速變遷已逐漸沒落。期待重現輝煌恐不容易。童年廟前歌仔戲班回憶彌足珍貴！

吳廛閩南語 小教室

做醮

一種道教宗教儀式。

擇日、設祭壇、做法會祈福、

超度亡魂、新廟落成、神像開光、

特殊祈福都會做醮。

通常為求做醮成功合境平安，

信徒會配合齋戒吃素數天。

快樂迌迌王（遊戲王）

呼叫一聲，各路人馬迅速加入遊戲行列。
總有玩不完的點子，
鬧彆扭、告狀的都被冷處理。

兒時人工玩具有厚紙做的尪仔標、抽糖果付送塑膠模型、玻璃彈珠，手工布偶算玩具中的貴族。大傢伙幾乎都是自然中自尋樂子，玩跳格子、抓鬼、老鷹抓小雞、騎馬打仗、躲避球、拋沙包、比龍眼子、扮家家酒、打彈珠、相撲、疊疊樂、爬樹、抓蟲、打陀螺、鬥蟋蟀、抓蜻蜓、釣青蛙、控土窯、爬竹竿等。

戰後嬰兒潮好處是遊戲不缺同伴。呼叫一聲，各路人馬迅速加入遊戲行列。難免意見不和大打出手，但有人提出新點子又群起呼應。天天一身泥，人人都是迌迌王！

玩餅店的家家酒，用的就是尿加泥製成的尿餅，大小樹葉是錢幣。扮新娘娶親用頭巾當喜蓋，新娘常不耐久坐，掀起頭蓋逃婚。用木薯莖當甘蔗削賣，小椅子當成節節火車。燙髮院負責將每個人的頭髮弄亂。賣菜的討價還價。警察抓小偷，小偷、警察常一言不合互相推打不歡而散。扮醫生用筍尖打針，病人要配合唉叫。扮老師不停叨唸小朋友，小朋友要委屈低頭。扮媽媽打小孩唯妙唯肖。各行各業都是孩子模仿的對象。

每人取自觀察加入創意，總有玩不完的點子。遊戲中鬧彆扭、告狀的，一般都被冷處理。不久，告狀的又悄悄歸隊。

當年打赤腳、流鼻涕，不怕衣髒、不怕蟲菌，每個孩子都是快樂迌迌王。在遊戲中培養珍貴的合作和人際互動訓練。幫助兒童養成解決問題的能力。物質缺乏年代，兒童加入創意就地取材玩樂。遊戲中有領導者、孤傲的；開朗、和事佬；有敏感細心、愛鬧彆扭、不拘小節的。兒童各種人格特質在遊戲已透出端倪，以小看大，不無道理。當年的遊戲中，你扮哪個角色呢？

吳塵閩南語 小教室

尪仔標

一種紙製兒童圓形遊戲小紙片。

柑仔店可買到有十二生肖或動物等圖案尪仔標，也可自製。遊戲時每人各出幾張尪仔標疊成一個長形高度。大家共識一張標的（例如一起決定以龍為標的），輪流擲射時，玩者手中拿自己尪仔標擲射標的，標的未被射出時，就依序輪流擲射，至標的出現分開才算結束。由擲射分開標的人獲勝，該次比賽的尪仔標就可全收為己有。得到一整疊尪仔標，大家投以崇拜羨慕眼光，水喔！遊戲中比手力比高下，男孩們較喜歡擲尪仔標玩。

閱讀時空

老師買了童畫套書，
《愛麗絲夢遊仙境》等沒讀過的童話。
又訂一份《國語日報》，一早大家輪流搶讀。

四十年代偏鄉學習資源嚴重缺乏。家鄉沒有書局，學校圖書藏書不豐。那個時空環境，難得有本故事書可讀，兒童對閱讀是渴望的。

小學四年級，導師在教室後面木條，釘掛幾本小故事書。大家一再翻閱直到折痕脫頁。後來老師買了一套彩色歐洲童話故事，如獲至寶至今印象深刻。套書裏有《愛麗絲夢遊仙境》、《圓桌武士》、《白雪公主》等沒有讀過的歐洲童話故事。下課，大家讀得津津有味，開啟了不同的童話想像。

那時老師也訂閱《國語日報》，每天早上大家輪流搶讀。《國語日報》有長篇故事和兒童投稿文章，《亨利阿丹》搗蛋漫畫是我最愛。那段時間，《國語日報》彌補閱讀不足缺口。零用錢拿來租借漫畫書，

漫畫書有杜撰傳說、感人愛情和俠義故事，常神遊其中。同學也會交換漫畫滿足閱讀的渴望。

愛上漫畫後，還能自編自畫自得其樂。當時葉宏甲漫畫算很熱門，男主角真平、四郎打抱不平情節同學討論最多。《老夫子》較深澀，《劉興欽大嬸婆》算當時較晚期漫畫。兒童階段可塑性強，偏鄉兒童錯過黃金學習開發期甚是可惜！製造學習機會及早開發潛能，學習路上更順暢。「三歲雕皮，五歲刻骨。」有其道理。

現今少子化年代，兒童是國家資產。家庭、學校、社會到國家，對幼教資源應給予最高支持留住專才。大家一同來寶貝我們的兒童，給他們最好的教育。網路發達，閱讀需父母篩選和引導判斷。遠離幫派、情色、毒品、誘拐陷阱與偏激文章。有大人謹慎把關，兒童在資訊平台才能真正受益。

閱讀還是實體書本最舒服自在。

一本書和一塊面板，你選哪一種閱讀方式？

吳麈閩南語 小教室

三歲雕皮，五歲刻骨。

形容從小打好品格與學習基礎，

對將來能有所助益。

第一台電視

村裏第一台電視，是媽祖廟前西藥房買的。
一塊大玻璃有聲、有影真稀奇。
老闆買來獨享，後來一大群小孩老包圍西藥房……

村裏第一台電視，是媽祖廟前西藥房買的。一塊大玻璃有聲、有影真稀奇。老闆先是買來獨享，後來一大群小孩老是包圍西藥房，「濟人看賺鬧熱」（人多一起看賺到熱鬧），老闆乾脆將電視擺到店前。有電視這新鮮事，大約在我國小四年級（民國五十五年）。每天電視節目一到，小孩們早已拿著板凳佔位子，大人路過也停下腳步觀賞。小學五年級，學校牆外電器行也有了電視，下課十分鐘衝去看一眼也過癮。

當年螢幕是黑白，節目很少，定時新聞報導。閩南語節目有楊麗花歌仔戲、黃俊雄布袋戲，播出時間每次三十分鐘。早期電視可看節目很少，但大家已非常滿足歡喜，生活中隨著螢幕增添了喜怒哀樂。解嚴前老三台寡占，後來電視成了彩色。第一齣電視連續劇《晶晶》，描述一對逃難失散母女故事，賺人熱淚。《無敵鐵金鋼》是最早卡通之一，後來的長片《勇士們》學生族最愛。連續劇《星星知我心》很揪心；《群星會》、《五燈獎》、《傳培梅煮菜》都紅了很久。後來有線第四台加入，節目迅速增加。

有了電視，生活娛樂多了選擇，增添知識、拓展視野。如今科技不斷研發，網路平台資訊取得迅速，也悄悄來到 5G 時代。各式機器人漸進入生活，紙幣漸由膠卡和手機取代。雲端虛擬世界，科技與人類生活正加速翻轉。

對四年級生的我們，迎向未來順應時代，已成必修課程。在科技與過去舊有生活中擺盪選擇，確實有些不容易啊！

節日與傳統

放馬草水

宗教透過各種儀式安定人心，
放馬草水就是一種。
當精神有了依靠，也就有了生活下去的勇氣！

叔叔當兵抽到海軍特殊兵種，當時需服役三年。祖母、曾祖母和家人頓時陷入愁雲。漫漫三年，不知要吞下多少牽掛和不安。本就男丁單薄，疼孫的曾祖母和祖母寢食難安，煩惱很大。家裏很長一段時間籠罩著低氣壓。但，不受歡迎的日子還是來到，叔叔入伍當兵了！

自從叔叔入伍當兵，曾祖母每天起床第一件事，就是點柱香向天祈求。祈求神明、兵馬，能保佑叔叔在外服役平安順利。

祭拜之外，最特別的是，阿祖在插香籃子裏放一個裝水容器，養了一簇蕃薯葉。籃子高掛在大廳門外牆邊。曾祖母把祭拜過的香，插在有蕃薯葉的瓶子旁邊，蕃薯葉長的肥大旺盛。有一回，我問曾祖母為什麼要這樣做，她說這叫「放馬草水」。焚香祈求神明、兵馬、保庇妳阿叔在外平安健康。

喜歡觀察曾祖母點香祭拜時的專注神情。她口中念念有詞，臉上的誠懇、謙恭令人印象深刻。這個儀式每天清晨、傍晚各需一次。也是她繁忙家事中每日的功課。

放馬草水，一直持續到叔叔退伍返家。「手抱孩兒，才知父母時」（當手中抱著孩子，更能體會當父母的辛勞），生育兒女後，漸能體會，這是一種親情的牽掛。阿祖對子孫的牽掛，透過放馬草水儀式祈求而心安。

老人家相信，她的祈求，天上和虛空中的神佛都會聽到。一定會幫她保佑金孫在軍旅生活順利、平安歸來。

過去，宗教透過各種儀式安定人心，放馬草水就是一種儀式。當精神有了依靠，也就有了生活下去的勇氣！

除夕夜

家裡分成二桌吃年夜飯，
歲數越大紅包愈厚。
躺在床上握著口袋壓歲錢，
在鞭炮聲中微笑入睡……

四十年代的鄉下，年味十足！一般過年前是長輩最忙碌的時候，需養足體力備戰。

時令一過冬至，農村就沉浸在準備過年的氛圍中。撥空大掃除、打點年糕材料，到準備家人新衣新鞋。愈接近過年，年節氣氛越是濃厚。曾祖母灶前柴火堆的比人高。豬圈、牛棚，也要清洗整理。在大人刷刷洗洗中，感覺年就要來臨了。

祖母從田裡摘回大把粽葉。母親一有空檔，就搬出蒸籠、碗盤，清洗備用。庭院總是曬滿碗盤、家具。祖父撥空到善化採購布料，替家人裁製新衣。過新年，家人都能分到不同花色新衣褲、鞋襪。

除舊佈新，「一日剃頭，三日緣投。」男人們走入剃頭店剪髮修個臉；女人們名正言順撥空到燙髮院換個新髮型；小孩是最開心的一群，總是期待新衣、壓歲錢，及滿屋子年糕。天天興奮討論、想像、盤算，希望明天就是過年。

除夕前二天，長輩開始寫春聯、炊粿。甜糕、鹹糕，耐久放的先上陣炊好。除夕一早，一邊炊粿、綁粽子、做菜粿、紅龜粿、浮湯圓、貼春聯；一邊準備一桌好料下午祭祖。祭祖後，就當年夜菜全家享用。

記憶中，母親總是忙進忙出。我常藉口繞過廚房查看，順便解饞。母親總會塞一塊好東西到我嘴裏，然後催我出去玩。

入夜後，年夜飯登場，家裡分成二桌吃年夜飯。慢慢吃，吃得慢，才有福氣。飯後，最期待的發紅包重頭戲開始。祖父坐在藤椅上，早已備好一疊紅包。由小弟開始唱名發紅包，晚輩拿到紅包，敬禮感謝。小學以下的十元新鈔一張。從弟弟、姑叔到曾祖母，全家都有份。歲數越大紅包愈厚，犒賞一年來的辛勞。祖父發過紅包後，母親、曾祖母還會再發給小輩一個紅包。小心翼翼將紅包放入口袋，躺在床上握著口袋壓睡錢，在鞭炮聲中微笑入睡。

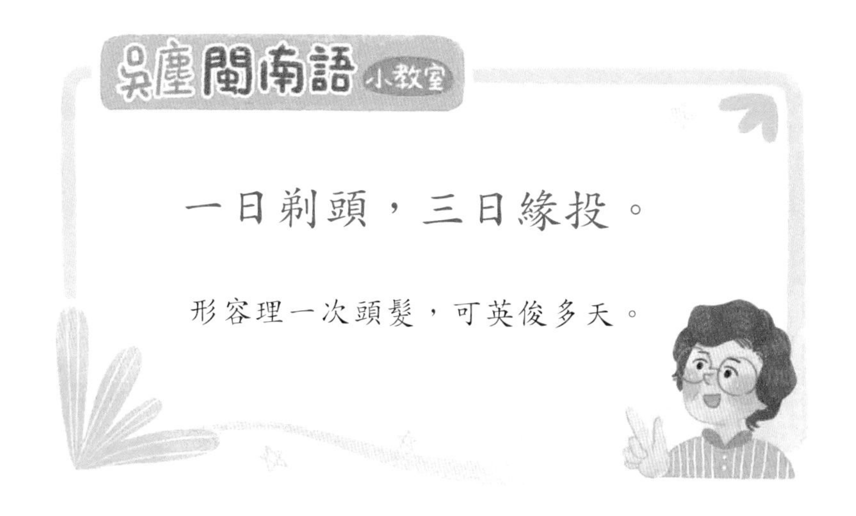

大年初一

過了年，馬照跑、牛照耕、
遊子仍要回到崗位。
如果能天天過年該有多好，
這是當年小孩的心聲啊！

大年初一，在鞭炮聲中醒來。興奮穿著新衣、新鞋。大人好話連連，讚美新衣好看，叮嚀不亂花錢。大年初一說好話才有一年好運氣。媽祖廟前早已人聲鼎沸，擺骰子攤的等著大撈一筆；賣零食的蹲在一旁等待客人上門；小孩和大人都刻意打扮一番。長輩攜家帶眷入廟祭拜，祈求新的一年平安好運。

出外遊子衣錦返鄉，帶回新的家庭成員。廟裏播放著過年特有南管樂。平常難得一見平輩、親戚都出現了。路邊駐足敘舊的，登門拜訪的，空氣中充斥著興奮與歡樂。每張臉都是幸福滿滿。

年初五前不抓賭是過去鄉下不成文默契。廟前廣場、廟裏走廊，到處都是賭攤。有一回，看到父親和一大群人站在長板凳上下注。故意突襲拉他衣角，父親嚇一跳，尷尬趕我離開賭攤。或許平常安分生活，過年脫脫序，也是一種潛意識的叛逆和抒壓方式吧！

有一年，我站在骰子場前觀察押三六仔（骰子賭博）賭法。骰子場主慫恿大家押注，我將捏在手中的五元紙鈔下注，即時贏得雙倍賭金。禁不起誘惑又再下注，共玩三次，前後不到十分鐘賭金全被吸光，懊悔不已。「學好三年，學歹三日。」有了那次經驗，終於了解賭徒心態。

大多時候壓歲錢還是拿來買零食、抽糖果。看看表演、觀察入廟祭拜人潮。與同輩比新衣新鞋，到處湊熱鬧。餓了回家吃個粽子、菜粿再出門溜達。

大人們平日農忙，難得開心聚集悠閒話家常。女眷們玩著擲銅幣論輸贏，一整天歡聚直至夜幕低垂。過了年，馬照跑、牛照耕、遊子相聚後仍要回到崗位，日月星辰一樣輪序。

如果能天天過年該有多好，這是當年所有小孩的心聲啊！

吳塵閩南語小教室

學好三年，
學歹三日。

比喻：
好的生活習慣必須長時間培養，
壞習慣只需短時間就能染上。

奮鬥的年代

歲月悠悠，恍然如夢。
憶往童年，感動仍在。
人事已非，真情不減。
珍惜當下，學習自在。

奮鬥的年代

吃飯要關起門來，
飯桌上只有一塊豆腐乳。
普遍貧窮奮鬥的年代，
也練就一身韌性更知足感恩。

年中，送走了鄰居朋友。憶起她初中父親就過世，留下孤兒寡母。她說吃飯要關起門來，全家飯桌上只有一塊豆腐乳。姊弟沾豆腐乳配稀飯就是一餐。窮到沒錢坐公車上學，只能抄小路走鐵軌。一回，因營養不良，餓昏鐵道上，差點被火車輾過。雖然考上雄女，卻因身為長女放棄夢想，改讀夜間部拉拔弟妹成長。

另一位朋友，家中七兄弟，父母養不起又捨不得送人。從小當學徒，學徒沒薪水零用，每天得幫師父洗內褲。為學一技之長，挨罵還要恭敬擠笑臉。他現在擁有自己事業，是貴金屬小亨。

親戚是養子，國小畢業就當學徒漸撐起家計。養母養他十二年，他孝養養母八十年，和氣大度。

朋友先生，兒時窮到撿同學丟掉的短鉛筆，取出筆心再插入芝麻桿寫字。半工半讀刻苦讀到大學，還要栽培弟妹，他說口袋永遠空空。現是公職高階主管退休，沒有怨過貧窮和辛苦。

在那普遍貧窮的年代，這樣的故事太多，也因此練就一身韌性更知足感恩。四十年代大部分同輩，做事認真學習有恆。六、七十年代，帶動臺灣經濟起飛的中小企業 CEO，四十年代前後出生者居多。

雖然父母較少提供資助，但踏實、意志力堅強，吃苦當吃補。腦子靈活有創意，即便英文不很溜，也能提只皮箱世界各地搶訂單。這些人都是臺灣經濟試金石前鋒部隊。

當年會讀書而無法栽培，有公費師範可選擇，畢業後當老師（不是公費師範家庭經濟都不理想喔！）。讀不來、小孩太多或經濟不很理想，則認命當學徒，只要能學得一技之長就有飯吃。裁縫師、剃頭師、廚師、木工、鐵工、修車……行行出狀元。也有從軍發展成為職業軍人保家衛國。部分幸運兒，領國家補助出國留學。當年臺大有句順口溜：來來來，來臺大，去去去，去留學。出國留學的也常是打工、割草、端盤子養活自己。各自在國外尋找出頭機會。奮鬥年代，人人努力自尋生機，也期待能改善家庭經濟。

世代如滾輪，代代傳承！

感恩出生四十年代，那是有努力就有機會、心靈純淨、擁有很多自主性的年代。

人生短暫，芸芸眾生，際遇不同。累積能量前進，俗語說：「戲棚下企久就有機會。」（不斷累積經驗和努力，時間久了就有機會），愛拚才會贏！

命運掌握在自己手中。無懼、無畏的向前，期待有展翅高飛機會。祝福每個時代的讀者，都在命運巨輪裡，幸運前行。

PART 2

世代、對話、學習愛

透過母親的童年故事

看見四十年代的智慧

理解，幫助我們更相愛

這個篇章裡

跟我一起聊聊家庭

1955

白河大地震：
理解後重建關係

在〈白河大地震〉該篇的記述中，天花板塌下，瓦片掉落，第一時間和母親同房的曾祖母卻衝到隔壁房間，協助搶救二個弟弟，任房內兩姊妹自尋生機。

四十年代的女性長輩，就在這樣的時代下成長。母親總告訴我，當年需要刻意爭取，才能獲得食物和資源。在她成年育兒後，對我的要求較弟弟更嚴格些。回顧母親的童年，我想當年那個趴在地上獨自尋生路的女孩，也期待自己的女兒能堅強、獨立。

這些女性長輩對於這樣的差別待遇，有過埋怨、有過不平，但有一天她們為人父母後，是否仍複製著當年的行為和觀念？

根據研究，童年的經驗，確實可能影響成年後的家庭關係。長輩們，也許教導女兒要堅強爭取，但不可否認的是，她們仍期盼著女兒和媳婦，要擔起主要的家務或下廚的工作。她們夾在新舊世代的交替中，是維持傳統，亦或是改變？

這幾年家庭教育的世代議題（如：婆媳或老年父母的溝通與維繫等）總是大受歡迎，無論是現在進行式或未來式，不同世代總有他們的焦慮。

當年我也曾用強硬或相應不理的方式，面對父母、公婆，把負面情緒和難題丟給長輩或另一半處理。自己解決了情緒，但問題仍轉嫁到家人和伴侶關係當中，加深了爭執與怨懟。後來在家庭教育領域，學習了許多關係重建的知能，才得以改變。

重建關係中，有個重要環節，就是了解自己和父母的童年，透過理解和對話，幫助我們看見過去沒有想過的新角度和觀點，例如，幼年時，認為母親對我比較嚴厲是比較愛弟弟的表現，但看完母親的童年故事後，我明白，她希望女兒應培養更多能力，將來才能爭取更多資源和機會。這些理解讓我產生新觀點，母女之間的關係就有機會改變。

我們會將過去童年，家人對我們的情感表達或互動形式，在未來的家庭關係中延續下去，這是代間傳遞。面對較負面的部分，我們不是責怪上一個世代，而是在看見世代之間的傳遞，保留正向的，勇敢斬斷負向連結和複製。透過自己與父母的童年回顧，讓我

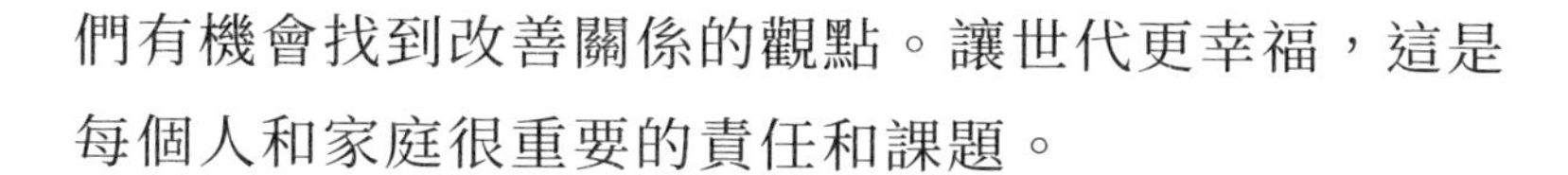

們有機會找到改善關係的觀點。讓世代更幸福，這是每個人和家庭很重要的責任和課題。

我們曾了解過長輩的童年嗎？

有機會試著和他們聊聊下列的議題：

1 長輩的出生與排行。

2 長輩與家人的關係。

3 長輩的成長與求學過程。

7 童年重要正、負向經歷。

5 曾不斷提及的童年故事。

6 童年的夢想與期待。

7 你還可以自己增加議題……

也許從這些議題中，你也能和我一樣找到重建關係的新觀點。

母親說故事：
親子故事時間不分世代

當年外婆不擅長說故事，母親還是要求，外婆只會說《桃太郎》和《虎姑婆》兩則，但怪的是母親總是百聽不厭！或許是外婆說故事生動有趣，但我想那是愛，是親子互動的珍貴時間。

這則回憶讓我想起，曾有好友問我，他每晚講故事書給小孩聽，但六歲女兒，不願意自己讀，只想要好友講故事給她聽，為此讓好友很煩惱。

當時，我恭喜他，聽故事是藉口，孩子喜歡和爸媽一起，爸媽認真生動說故事的樣子，讓孩子感受到愛。就像童年，我最愛聽母親的床邊故事，故事細節早已忘記，但陪伴的感受，仍在。

親子共讀，是這幾年很熱門的話題，大家開始買繪本或去圖書館借閱，甚至孩子在學校裡還有繪本活動、課程。但親子共讀真正的意義，除了增進親子關係之外，更需要在固定的時間裡，全家聚在一起分享閱讀或說故事的樂趣。

這幾年因為工作需求，常需要去拜訪幼兒園的園長或老師們，他們在現場的觀察發現，孩子對於故事，有自己的關注與解讀方式，成人在乎的是文字，孩子更容易被圖像吸引，一本書閱讀數次，每次可能伴隨著他們的成長與生活經驗，產生不同的理解。

曾有園長和我分享，園內孩子一本繪本讀到第六次，還能產生不同的觀點。孩子能夠在故事的世界裡，學習各種情感表達、語言和認知的能力，和孩子一起共讀時，我們可以引導孩子發表觀點、探索有趣的內容或解讀事件，從翻書、看圖、理解到欣賞文字，這是我們能和孩子一起共度的美好時光。

回顧母親的童年，聽著外婆和曾祖父的故事，再多次也不膩，除了情感連結外，想像力的刺激也是一大功臣。

當年沒有繪本，但透過說故事，讓孩子腦中產生圖像和畫面，透過無限的想像，增加理解、判斷、語言和表達能力，我想這些過程，都是日後母親成為老師之後，能自然而然地，將創意融入在生活和教學中的原因。

而母親也將她童年聽故事的美好回憶，延續在我和弟弟的童年裡。世代之間有好多無形的傳家寶和美好特質，不斷的透過傳遞被保存下來，說故事，就是我們家的傳家寶！

那麼我們期待為孩子留下哪些傳家寶呢？

附註：

教育部在105年就推動了幸福家庭樂書香的計畫，鼓勵家庭能樂學、共讀，成為終生學習者。

全臺共有50所圖書館，設有幸福家庭閱讀專區，提供百本好書免費借閱，歡迎您和家人一起來共讀。

另外文化部建置的線上網站「兒童文化館」，也推薦給想引導孩子愉快閱讀的您。

老兵的婚姻故事：
愛與婚姻的價值

還記得小時候，曾聽外婆和我分享與外公相親的過程，各種偷偷見面的相親形式，真是絕了，例如，媒人會請男方在女方外出丟垃圾時躲著偷看一眼。

過去媒妁之言的年代，進入婚姻靠的是媒人的媒合，擇偶過程裡，專職媒人依據雙方的家庭背景給予婚配建議。婚姻，展現的是角色和家族的延續，結婚多半是年紀到了，希望有穩定經濟來源、生兒育女和家庭溫暖。至於雙方情感可以接受進入婚姻後再一同培養。長輩重視養家和持家能力，也重視門當戶對的外在條件。

新世代，婚姻的形式與價值不斷的改變和重新定義；從傳統角色、家族延續，轉變至今以情感和愛優先，且看重家庭中的自我實現。婚姻中不再只是關心身高、收入和學歷等外在條件，更在乎彼此的陪伴和關愛。婚姻中的角色、功能，由傳統的家族延續，逐漸轉為伴侶間的互助和親密同行。

過去有學生問我，婚姻的本質是性還是友誼？利益的交換或情感為基礎？我引述了心理學家的概念和學生分享，婚姻中激情、親密和承諾缺一不可，我們可能隨著家庭發展和年齡增長，改變三者的輕重比例，但不變的是渴望愛與被愛的需求。健康的婚姻生活，性和友誼確實重要。除此之外，理解彼此，尊重習慣和價值差異，培養共同興趣，一起面對生活中的挑戰，這些都是婚姻裡能夠感受到愛的關鍵。

在老兵的婚姻故事，看到當年對於愛與婚姻的定義，故事中的老兵一生離鄉背井，婚姻和家庭成為他們生命中的盼望，即便客觀條件限制，也非傳統的婚配模式，但他們仍極力爭取婚姻與家庭可能帶來的安穩和幸福。或許，老兵才是最早勇於追尋情感、自我實現，重視婚姻中友伴關係，尊重差異，不斷面對生活挑戰的一群。

幸油飯：
社會支持是抗壓關鍵

「吃人一口，報人一斗」，當年的人事物皆有一套自在平衡法則。

在母親的故事中，讓我想起了自己在博士班念書時，常讀到的「社會支持」概念。社會支持可能和我們的工作與生活滿意、健康、壓力有關係。或許過去的社會支持方式，對緩衝生活上的壓力和負向情緒有所助益。過去的研究發現，這個概念包含情感、功能和心理支持，這些觀點，確實能在四十年代母親的童年中，看見蛛絲馬跡。

1. 情感支持（如母親故事中提及：挑著擔子挨家挨戶「幸油飯」，接到油飯，總是恭喜、祝福、讚美聲不斷，添金孫開心歡喜全寫在每位長輩臉上。）過去的世代，鄰里間透過婚喪喜慶，相互表達讚賞或是喜愛，人與人之間藉此獲得情感支持。現在的新世代，對於婚喪喜慶形式已越來越簡化。加上居住形式改變，彼此情感支持的機會，確實減少。但情感支持中的核心價值：表達愛、尊重、讚賞，仍是我們可以持續的。家人間可以對彼此的付出表示感謝，平日一通溫暖電話問候，年節熱情探訪都很好。時代變遷，表達形式可以改變，不變的是愛的傳遞與感受。

每個人感受和表達愛的方式都不同，有人希望得到言語讚賞；有人期待重要日子被記住；有人盼望得到喜愛的禮物；有人在擁抱或服務當中感受到愛。

當我們感受不到愛，或付出沒有得到對方的回應時，不代表別人不愛我們，可能是雙方用錯方式。能讓彼此感到情感支持，就要用「對方喜歡」的方式表達！

2 功能支持（如母親故事中提及：香爛「菜尾」傍晚煮好，分送喜事期間幫忙的鄰居和親友。喜家挨家挨戶送菜尾感謝相放伴。）過去的時代，喜事互相幫助，金錢需求透過寫互助會、跟會方式紓困，遇到子女教養問題，家長互換身分或長輩扮演和事佬角色，苦口婆心傳遞父母親的辛苦。鄰里成了親子溝通橋樑，緩解衝突。新時代，家長可成立網路社團，一起揪團養小孩。幾個家庭一起露營互動，都可以是功能支持的新型態。

功能支持的核心價值是直接或間接地協助，但是「相放伴」是有來有往的，而非單方的幫助。因此，找到志同道合的家庭和朋友，彼此互助。當我們能看見他人對我們的付出，我們更能體會幸福，更願意持續維繫關係。

心理支持（如物質缺乏年代喜餅珍貴，老輩認為大餅吃得夠才有面子。喜事要吃甜湯圓，表示圓滿。）簡單來說，心理支持就是認同感！過去世代透過彼此互動，產生認同和傳統習俗。同樣的概念，搬到新世代來說，就是同溫層的概念！

我們的想法、觀點，會透過家庭、過去經驗、與他人互動或社會的標準和價值來形成一套認知系統。這套系統是我們大腦做判斷和預測的關鍵。我們用自己的認知，來衡量他人的話語或行為。

例如，長輩給孩子吃甜食，晚輩認為長輩沒知識不配合，並直接推斷是長輩和自己唱反調不愛孩子。但有沒有可能是長輩希望和孩子建立關係，想讓孩子開心，因沒其他更好方法，就以購買平日被禁止的食物來取悅孩子？

同樣一件事，我們可以練習找到當中認同或適當的觀點切入，才可能理解世代的差異。例如肯定長輩是愛孩子的，當長輩被認同時，就可能改變行為。此時我們就可以進一步提供長輩和孩子正向連結的方法，例如提供訊息，孩子更喜愛去公園騎腳踏車，或到某處玩、喜歡那些較健康的點心等。

反之，長輩若發現，兒子、媳婦怕甜食會影響孩子發展而焦慮，為人父母的心情被了解，雙方較可能討論出共識。

心理支持是需要練習的，當別人的作法與我們不一致時，我們可能用忽略或扭曲訊息的方式，讓自己舒服一點。但，嘗試找到一些新觀點，或許我們的生活和心理都會更健康愉快。

每個時代都有他們需要面臨的工作和生活壓力，我們如果能在情感、功能和心理上獲得更多的支持，相信每個時代，都是充滿祝福和希望的。

快樂迌迌王：
找回孩子遊戲的權力

家家酒的尿餅、樹葉錢幣、木薯莖當甘蔗賣、小椅子當火車、扮醫生用筍尖打針，病人要配合唉叫。各行各業都是孩子模仿的對象，總有玩不完的點子。遊戲中鬧彆扭，一般都被冷處理，不久，告狀的又悄悄歸隊。

母親童年的遊戲經驗，讓我想起近年協助縣市家庭教育中心推展的《兒童權利公約》，所謂的《兒童權利公約》（*Convention on the Rights of Child*，簡稱 CRC），是聯合國於 1989 年所推行的國際公約，臺灣也在 2014 年公布《兒童權利公約施行法》。《公約》中有一個重要概念，就是「遊戲權」。透過遊戲，孩子能夠學習和發展，還可以幫助他們建立人際關係。

四十年代的孩子沒有《兒童權利公約》的呼籲和規範，孩子課後遊戲時間充足，自然的發展出各種遊戲形式，每天爬上爬下，活動量和刺激十足。

近年「感覺統合失調」越來越廣為人知，母親甚至曾問我，為何現在孩子狀況較他們年代多？其實答案就在她的童年回憶裡。

感覺統合失調來自於，觸覺、前庭、視覺、聽覺、本體感、左右腦等失調、不平衡或者是統合能力不足。研究發現，除了遺傳疾病、環境污染、產程缺氧之外，多數原因為，活動量和活動空間，外在刺激及模仿對象的不足。

在過去的年代，嬰幼兒階段就在田埂爬行、翻滾，小小孩跟著大小孩子跑跳、爬樹，母親腳上還留有多次從樹上摔下的疤痕。用尿捏成各種沙餅、撿拾大自然的素材、玩火車過山洞、老鷹抓小雞，這些遊戲在職能治療師眼中，大概會是很好的遊戲訓練。

現代兒童面臨的環境較不友善，我們可以試著透過增加活動量和活動空間，提供外在刺激及模仿對象，甚至和長輩聊聊童年的遊戲和生活。腦力激盪下找出新的點子來陪伴孩子，讓孩子健康發展。

關於增加活動量和活動空間的部分，我們每天盡可能提供孩子三十分鐘，會流汗的全身性體能運動，假日或者是課後帶著孩子到戶外跑跑走走，都是折衷的辦法。

關於提供外在刺激與模仿對象的部分，因為少子化和家戶規模縮減，孩子學習和模仿的對象減少，我們可以建立家庭小組，讓孩子有機會和其他人互動、遊戲。多帶孩子體驗各種活動，運用各縣市設置的育兒資源中心和親子館，這些場館有許多專業遊具和活動，也能增加孩子的刺激，各中心大多免費提供 0-6 歲孩子的家庭使用。

附註：

衛生福利部社會及家庭署全國托育資源中心查詢

衛生紙的進化：
溝通、衝突讓我們更相愛

母親曾說四十年代如廁後，用的是芝麻桿，對於有柔軟衛生紙可用，特別珍貴。

因此在我和弟弟有能力後，我們很快的為了父母添購了一台免治馬桶。

我們姐弟倆原本期待父母開心的接受，並愉快地使用，但換來的是母親的叨念，諸如浪費錢、浪費水電，不習慣或不會去使用等。世代間因觀點差異，衝突可能隨時顯現。一邊是辛苦從日本帶回馬桶安裝的晚輩，一邊是擔心孩子多花錢的長輩，大家各自焦慮和不愉快，世代之間存在的美意和關心，有時反而成為衝突的導火線。

那麼，如何處理世代差異產生的衝突呢？

首先，第一件事是學會看見世代過去經歷不同，角色的期待不同。父母成長在資源匱乏年代，金錢、水電認知不同。不了解免治馬桶的用水、用電原理，

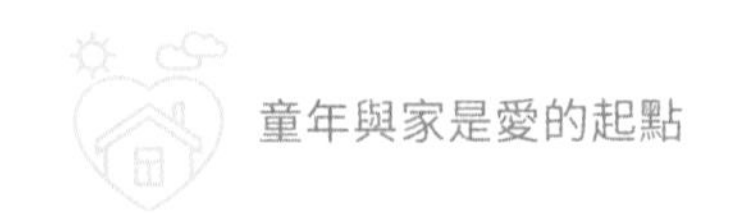

難免感到浪費水電，甚至認為未使用時應將插頭拔除，藉此省電！

角色立場不同，子女想的是孝敬父母，父母想的是子女要存錢別浪費。當我們換位思考，就能明白彼此的感受，並可進一步告知對方，自己的需求和期待。例如，晚輩得知長輩在乎的是存錢，因此說明時可以告知，購置金額和預算不影響生活支出；又長輩若能了解晚輩孝順心意，並具體說明實際需求，那麼凡事就更圓滿了。

除了看見差異外，第二件事就是學會雙向溝通，好的溝通是雙向的，而非單向告知結論。如果我們能在購買免治馬桶前，先告知父母，並且提供足夠的購買與使用訊息，甚至進一步同理和澄清期待與需求，相信長輩更能了解與接受我們姐弟倆的心意。

好的溝通有三個步驟：第一個步驟是告知與說明用意，讓父母知道購置的想法與用意。第二個步驟是提供足夠的訊息，例如如何使用、使用的益處和水電費差異、衛生紙減量等。第三個步驟則是同理、澄清、再確認。當了解彼此的愛與心意、需求與期待，就有機會達到共識，進而互相感謝和接納。

這些過程也許需要來回好幾次，但透過溝通的幫助、可以減少衝突而理解彼此。如果當年我們姐弟早些學會這些小技巧，或許就能皆大歡喜。

祝福大家因為愛，願意不斷學習這些原則。因小小的學習，能讓世代間有機會更相愛。

過年的媳婦：
誰是我的家人？

農曆新年來臨前，身邊開始有朋友為了在誰家過年？各待幾天？誰來收納清洗環境？誰來預備年夜飯？焦慮爭執。

有朋友說，除夕在婆家團圓，娘家不圓滿，除夕在娘家過，換成婆家不圓滿？

這些議題過去不必煩惱嗎？為何年輕世代的感受較長輩強烈？問了長輩的童年經驗後發現，這些議題不只是傳統文化的影響，更與時空背景有關。

過去家族人力充足，角色分工明確，無論是環境整理或是過年時間配置，都有規則可循。

母親提到四十年代的鄉下，過年是長輩最忙碌的時候。例如：曾祖母會處理灶前柴火，而豬圈、牛棚等清洗整理則歸男性長輩，女性長輩會負責蒸籠、碗盤，清洗備料等。祖父要撥空採購布料，替家人裁製新衣。過去的農村社會，角色分工有序，並非全由某一位長輩擔負全責，而是整個家族男女老少一起動員。

過去兒女生養眾多，對於父母來說，年節每天都有人在家，除夕兒子在，初二女兒在，年節家人團聚，熱鬧無比。戰後嬰兒潮後，迎來的是兩個恰恰好的年代，孩子少了，少的不只是年節氣氛，還包含父母的失落感。

過去交通不便，年節哪裡過，也和動線安排有關係。但，現在交通方便，婚後也不一定和公婆同住，若以動線考量，娘家在附近，說好了先回娘家再回婆家，也無不可。

回頭想想，除夕在哪裡過？我們在乎的其實是我們在家庭中扮演的角色。當兒女時，想著父母要人陪；當父母時，想著兒女在身邊。每個人都扮演不同的角色，不同角色會有不同的期待，試著尊重彼此的期待，進而在期待中找平衡，我想大家想到的平衡方案，一定比我還多！

如果撇開年節打掃和交通動線後，還是不想回婆家或娘家？

那麼傳統習俗和公平議題，只是替代性的議題。

畢竟，過年不想回婆家，不只是女性的專場，我也遇過不想回娘家的先生。

無論男女，不想回去的原因大多是：壓力大、不習慣、話不投機、情感關係不佳等等，仔細想想，我們不想回家，到底是在乎習俗和公平？還是不想面對關係的緊張與衝突？

如果公婆或岳父母對自己很好，平日裡也和他們互動良好，我想年要在哪過？怎麼過？甚至還會和長輩一起討論。

過去，和長輩發生衝突時，總覺得雙方父母自己要負責搞定，但先生常夾在中間感到為難。若以我意見為先，長輩不開心；若以先生長輩為先，我會感到委屈。而婚姻關係就會在姻親的競爭和互動中，消磨殆盡。尤其東方社會，姻親關係確實和婚姻滿意度有關連性。

因此，進入研究所，學習了家人關係經營技巧後，我下了一個重要決定，「要學習愛另一半的家人」。

從一開始的挫折，到決心「刻意」經營、「努力」表達，用長輩喜歡的方式表達愛，為長輩慶生、帶他們去旅行、努力發現他們的優點、然後適時保持距離的美感，這樣可以減少衝突機會。畢竟世代差異，生活習慣不同，不在同一個屋簷下，確實能減少問題。

或許，我們改變的速度很慢，但是當彼此感受到愛，就有改變的可能。幾年後，我已能自在的愛另一半的家人，即使意見和想法不同，仍把他們當成家人關心，而他們也待我像自己的女兒一樣，多了更多長輩們的疼愛，是很幸福、溫暖的。從此除夕、清明、中秋各大節日，如何度過，長輩都會徵詢我們的意見，一起討論決定。

回想過去幾年的除夕夜，和長輩用餐後各自回家，一起去外地旅行，年夜飯和先生去逛夜市，甚至家族一起住飯店、吃館子，過年再也沒人需要刷刷洗洗。除夕和誰過，都開心。

想想，我們革的是傳統的命？還是關係的命？誰又是您認定的家人？

對我來說，我愛的人所愛的人，就是我的家人。

期盼透過刻意的經營，成為彼此體貼、相愛的家人，那麼，年年都是好年。

■ 國家圖書館出版品預行編目(CIP)資料

童年與家是愛的起點 / 吳塵、戴秉珊著 ； 毛戎戎繪.
— 初版. — 高雄市 ： 藍海文化事業股份有限公司，2021.02
面 ； 公分
ISBN 978-986-6432-99-6(平裝)

1. 家庭關係 2. 親子關係

544.1 109021901

童年與家是愛的起點

初版一刷．2021年2月 初版二刷．2021年3月

著者	吳塵、戴秉珊
繪者	毛戎戎
責任編輯	林瑜璇
封面設計	毛戎戎
發行人	楊宏文
總編輯	蔡國彬
出版	藍海文化事業股份有限公司
地址	802019高雄市苓雅區五福一路57號2樓之2
電話	07-2265267
傳真	07-2264697
網址	www.liwen.com.tw
電子信箱	liwen@liwen.com.tw
劃撥帳號	41423894
臺北分公司	100003臺北市中正區重慶南路一段57號10樓之12
電話	02-29222396
傳真	02-29220464
法律顧問	林廷隆律師
電話	02-29658212

ISBN 978-986-6432-99-6（平裝）

Blue Ocean 藍海文化事業股份有限公司
Blue Ocean Educational Service INC

定價：300元